Moana & Wim Luijpers

BioRunning Laufen für die Seele

Die Luijpers-Methode nach Feldenkrais

Orac

www.kremayr-scheriau.at

ISBN 978-3-7015-0518-0
Copyright © 2009 by Orac/Verlag Kremayr & Scheriau KG, Wien
Alle Rechte vorbehalten
Umschlagfoto: Christian Jungwirth/www.bigshot.at
Umschlaggestaltung: José Coll/Studio B.A.C.K.
Layout: Eva Kählig/Studio B.A.C.K.
Fotos: istock (Seite 26, 28, 31, 63, 65, 117), Joachim Rückerl (Seite 114),
Moana und Wim Luijpers, Michael Scheder (alle anderen)
Projektleitung: Sonja Franzke | vielseitig.co.at
Druck und Bindung: PBtisk, s.r.o., Pribram

Inhaltsverzeichnis

Vorwort 5
Laufen liegt in unserer Natur 13
Die Vision der Leichtigkeit 25
Neue Gewohnheiten braucht der Mensch 37
Hightech im Laufschuh? 48
Die Nasenatmung 54
Das Laufprogramm 67
Ein lockerer Körper läuft leichter – Die besten Übungen 73
Koordination von Atmung und Bewegung 78
Übungen 84
   Ausnützen der Schwerkraft 86
   Der Armwinkel 89
   Das Drehmoment 93
   Die Aufrichtung 97
   Die Schrittfrequenz 101
   Der Fußaufsatz 104
Barfuß-Laufen 108
Geistige Einstellung 109
Das Leben im Biorhythmus 111
Die Feldenkrais-Methode 117
Die Praxis zu mehr Körperbewusstheit 122
   Druckimpuls – Der Abdruck des Fußes 125
   Zugimpuls – Das Anziehen des Beines 128
   Aktivierung der Rücken- und Gesäßmuskulatur 132
   Verlängerung der Rückenmuskulatur 136
Ernährung für Leib und Seele 140
Das Dauerlauf-Wochenprogramm 152
Laufen ist wie Fliegen – Spaß an Geschwindigkeit 155
Nachwort 159

Vorwort

Dieses Buch wurde für Menschen geschrieben, die mit Leichtigkeit Freude am Laufen erlangen möchten. Es ist ein Buch, das Anfänger darin unterstützt, richtiges Laufen zu erlernen, und fortgeschrittenen Läufern mit einfachen Übungen zu einem besseren Laufstil und mehr Spaß verhilft.
Es gibt Informationen, die jeder auf sehr einfache Art für sich anwenden kann. Höchstwahrscheinlich wird das Laufen und die Sicht auf dein Alltagsleben eine völlig neue Bedeutung für dich bekommen, sobald du mit diesem Programm beginnst.

Diese Bewegungsmethode kann dazu beitragen, dass langjährige Schmerzen verschwinden oder alte Verletzungen nicht mehr wahrgenommen werden, weil du dich „neu erläufst".

Wir werden dir in diesem Buch einen komplexen Fachjargon ersparen und niemand wird als bestimmter Typ klassifiziert. Du als individueller Mensch stehst im Vordergrund. Du wirst das Gefühl der Leichtigkeit wiedererlangen, das du als Kind noch hattest, als du spielend laufen konntest und wolltest. Dieses Empfinden kannst du auch als Erwachsener wieder genießen.

Durch dieses Laufprogramm haben schon tausende Menschen effizientes, mühelose Laufen erlernt und es auch als einen Teil ihres Lebens in den Alltag integriert.

Wir haben in den letzten 15 Jahren viele interessante Geschichten von den Seminarteilnehmern gehört. Von Menschen, die nie glaubten, jemals laufen zu können, weil sie sehr übergewichtig waren oder schwer wiegende Verletzungen hatten. Viele von ihnen haben uns nach dem Seminar voll Freude erzählt, dass sie endlich wieder Spaß am Laufen haben und schmerzfrei sind. Manche konnten auch ihre Bestzeiten erheblich verbessern, ohne dafür mehr zu trainieren.

Viele Experten verunglimpfen Laufen leider zu einer technisierten Sportart. Dadurch geht das Wichtigste an dem wunderbaren Naturerlebnis Laufen verloren.

Vorwort

Die natürlichste und ursprünglichste Fortbewegungsart der Welt wird in eine enge, vielfach wissenschaftlich analysierte Schublade gesteckt. Wenn Beschwerden auftreten, gilt meist Laufverbot. Es werden so genannte „gute" Laufschuhe empfohlen, die durch Dämpfung, Höhe, Starre und ihr Gewicht schon zu einem Großteil der Läuferprobleme beitragen. Darüber hinaus gibt es auch noch orthopädische Schuheinlagen oder isolierte Dehn- und Streckübungen, die wieder nur an Symptomen herumdoktern, anstatt das gesamte biologische System Mensch zu betrachten und zu behandeln.

Wenn du der Meinung bist, dass du, aus welchen Gründen auch immer, nicht laufen kannst, lade ich dich herzlich ein, mein Programm mitzumachen. Ich werde dich von deiner latenten Lauffähigkeit überzeugen. Ich zweifle an Behauptungen wie, dass Laufen schädlich für die Gelenke ist. Die Erfahrungen, die ich in den vielen Jahren mit tausenden von Menschen gesammelt habe, beweisen mir das genaue Gegenteil. Wenn jemand körperliche Probleme durch das Laufen bekommt, liegt das nicht an der Tatsache, dass er läuft, sondern immer daran, WIE er läuft. Ob man sich Beschwerden erläuft, hängt von der Qualität der Bewegung des gesamten Körpers ab – einem Bewegen im Einklang mit den physikalischen Gesetzen der Natur und der jeweiligen Konstitution des Menschen. Kniebeschwerden beim Laufen haben zum Beispiel meist mit der Lage bzw. Haltung des Oberkörpers in Relation zu den Füßen oder der Rotationsbewegung der Schultern zu tun. Anstatt, wie meist üblich, das Problem ausschließlich in den Knien zu suchen, ist es eine absolute Notwendigkeit, den gesamten Bewegungsablauf des Skeletts eingehend zu analysieren, um eine effiziente Hilfestellung anbieten zu können.

Wenn wir wieder spüren lernen und verstehen, was richtiges Laufen bedeutet, werden Beschwerden verhindert bzw. bereits vorhandene verschwinden wieder. Wenn du dir darüber klar wirst, dass du mehr bist als nur ein kaputtes Knie, ein Bandscheibenvorfall oder ein anderer Körperteil, der nicht mehr ordnungsgemäß funktioniert, hast du den ersten großen Schritt in ein leichtes, bewegtes und erfülltes Leben schon geschafft.

Für mich bist du ein Mensch, der spüren kann und der daher auch die Fähigkeit besitzt, sich selbst zu verbessern. Wenn du dir Zeit gönnst und dieses Programm mit Spaß und Interesse durchspielst, wirst du, wie so viele andere Menschen vor dir, eine neue, ungeahnte Lebensfreude und Vitalität gewinnen. Du wirst überrascht sein, welche immensen Möglichkeiten du selbst erschließen kannst, die vorher für dich unvorstellbar waren.

Das viel zitierte Sprichwort „Bleib wie du bist" gilt in diesem Programm nicht! Es ist veraltet und hat ausgedient in unserer zu mehr Bewusstheit drängenden Zeit. Vielmehr raten wir dir:

Suche ständig die Veränderung, ent-wickle dich wie eine Puppe zu einem wunderschönen Schmetterling, bleib in Bewegung, lerne und schöpfe aus dem unermesslichen Reichtum, den dir die Natur in Form von Körper, Geist und Seele mitgegeben hat!

Welche Vielfalt du persönlich für dein Leben aus diesem Buch nimmst, liegt nur in deinen Händen. Eines können wir dir aber versichern: Du wirst danach nicht mehr auf dieselbe Art wie jetzt laufen, gehen oder dich bewegen. Du wirst bewusster mit dir umgehen und immer mehr wahrnehmen, wie du läufst und auch wie du lebst.

Moana und Wim LUIJPERS

Vorwort

Herzlich willkommen bei BioRunning

Das Komische am Leben ist:
Wenn man darauf besteht, nur das Beste zu bekommen,
dann bekommt man es meist auch.
WILLIAM SOMERSET MAUGHAM

Das Wunder Mensch ist ein geniales biologisches System und BioRunning beschäftigt sich ausschließlich mit diesem System und seinen Zusammenhängen. Wir bestehen aus vielen Milliarden von Mikroteilchen, die perfekt wie ein Uhrwerk funktionieren und miteinander kooperieren. Das Wort Bio kommt aus dem Griechischen Bios und bedeutet Leben. Der Mensch bildet täglich über 60 Billionen neue Zellen. Das bedeutet, dass wir uns ständig erneuern, in jeder Sekunde unserer Existenz.

98 Prozent der Atome, aus denen unser Körper gebaut ist, werden innerhalb eines Jahres ausgetauscht. Ohne dass wir etwas davon bemerken, erzeugt unser Körper alle 5 Tage eine neue Magenschleimhaut, jeden Monat eine gesamte neue Hautschicht, alle sechs Wochen bekommen wir eine neue Leber und alle drei Monate haben die Architekten in unserem Körper unser Skelett erneuert. All das schafft jeder Mensch auf diesem Planeten, ohne auch nur einen Gedanken daran zu verschwenden, geschweige denn, sich dieses Kunstwerkes bewusst zu sein. Wenn unser Körper ohne großen Aufhebens zu solch einem Wunder fähig ist, frage ich mich, warum es notwendig ist, sich eine Pulsuhr um die Brust zu schnüren, nur um eine Runde zu laufen.

Wovor wird uns Angst gemacht und ist diese Angst berechtigt? Wenn ja, sollten wir nicht auch beim Tanzen in der Disco und am besten auch beim Sex so ein wichtiges Gerät umzurren? Damit, wenn es richtig lustig wird, wir rechtzeitig auf die Bremse treten und aufhören können, um uns vor einem Herzinfarkt zu schützen? Manche der Pulsuhren-Hersteller würden sich das sicher wünschen, allerdings wäre die Menschheit mit dieser Methode bald ausgestorben.
Anscheinend unterschätzen wir unsere eigene Körperintelligenz und unsere Gefühle für unseren Körper. Oder wird uns das doch nur durch die Konsum-

gesellschaft suggeriert? Schließlich ist das Geschäft mit der Angst in jedem Bereich immer noch das lukrativste.

Vielleicht liegt das Problem aber doch bei uns, in unserer modernen, westlichen Leistungsgesellschaft, die wir uns selbst kreiert haben. Die uns täglich sagt: schneller, höher, weiter bedeutet auch in jedem Fall besser. Werden wir gezwungen, unsere Willenskraft einzusetzen, um uns durchzusetzen und dabei unsere Gefühle möglichst auszuschalten? Vielleicht ist die Pulsuhr doch ein Synonym für dieses Jahrhundert. Weil wir uns das Fühlen langsam abgewöhnen, kann der Blick auf eine Uhr uns wenigstens die Sicherheit vermitteln, dass wir uns noch im grünen Bereich befinden. Wo aber bleiben dann Empfindungen wie Freude, Lust und Spaß an der Bewegung? Wie es uns geht, wie wir uns fühlen, kann uns der Blick auf die Pulsuhr nicht vermitteln.

BioRunning hilft dir, wieder ein Gefühl für deinen Körper zu bekommen, indem du die Aufmerksamkeit zurück auf dich lenkst – auf deine Bewegungsabläufe, deine Atmung, auf deine Gedanken, deinen Geist und auf das, womit wir im Ursprung verbunden sind, nämlich auf die wunderbare Natur.
BioRunning hat nichts mit Pulsuhren, Zeitmessung oder anderen technischen Geräten, Kilometern und Kalorienberechnung zu tun. Das alles sind Leistungsgedanken, Bewertungs- und Beurteilungssysteme unserer modernen Gesellschaft, die dich nur vom wirklich Wichtigen ablenken, nämlich von dir selbst! Wenn du, statt deine Zeit zu messen, dir die Zeit nimmst zu fühlen, was dir gut tut, was du benötigst, um gesund, erfüllt und glücklich zu sein und was nicht, wirst du davon enorm profitieren. Es bringt dich zurück zu deiner inneren Intelligenz, die du zuletzt als Kind gespürt hast.

Diese innere Intelligenz wieder zu entdecken und bewusst danach zu handeln, ist das Ziel von BioRunning. Es gibt kein Tier draußen in der Natur, das erst lernen muss, mit welcher Geschwindigkeit, wie lange oder wie weit es laufen sollte. Alle atmen ruhig durch die Nase, wie wir es auch als Babys getan haben. Wir haben diese Intelligenz, dieses Bewusstsein für uns verloren, weil wir seit unserer Kindheit auf Leistung getrimmt wurden. Das führt zu ständiger Überforderung im Sport und der zwangsläufigen Verwendung der Stress erzeugenden Mundatmung. Unser eingebauter Pulsmesser, die Nasenatmung, ist das Tor zu unserer Seele. Er zeigt dir deine tägliche Verfassung und erlaubt dir im richtigen Tempo zu laufen, ohne dass du dich überfordern kannst.

Die Beobachtung und intensive Wahrnehmung der Atmung ist ein sehr gutes Beispiel für das gesamte BioRunning-Programm. Es geht darum, jeden Augenblick mit Bewusstheit zu erleben und der Gegenwart Aufmerksamkeit zu schenken. Weder Vergangenheit noch Zukunft sind im jetzigen Moment wichtig und interessant für dich. BioRunning vollzieht sich immer nur in der Gegenwart.

Die Bewegungsabläufe deines Körpers beim Laufen werden neu definiert. Anhand spezieller Übungen aus der Feldenkrais-Methode, die dir helfen die Bewusstheit auf den gesamten Körper zu lenken, lernst du ganz mühelos leichter zu laufen.
In unserem modernen, hektischen Lebensstil tendieren wir dazu, uns zu viel an äußeren Umständen zu orientieren oder uns an die Vergangenheit zu klammern. Schnell lassen wir uns durch Vorschriften oder von Urteilen anderer Menschen beeinflussen.
BioRunning lässt dich das Laufen neu entdecken und es zu einem Teil deines Lebens werden.

Der Leitfaden von BioRunning ist: Worauf du deine Aufmerksamkeit lenkst, wird zu deiner gegenwärtigen Lebenserfahrung. Egal ob du schon länger läufst und einen neuen Zugang zum Laufen suchst oder das Laufen als Neuanfang betrachtest: BioRunning ist mit Sicherheit ein guter Weg für dich. Es eröffnet dir eine Menge neuer Perspektiven und bringt vor allem deine Seele zum Laufen!

Laufen liegt in unserer Natur

*Wenn du das tust,
was du immer getan hast,
wirst du auch das bekommen,
was du immer bekommen hast.*
SPRICHWORT

In den Medien wird immer wieder über wissenschaftliche Studien berichtet, die die Vorteile des Laufens belegen. Bestimmt ist dir auch einiges aus dieser Liste schon bekannt.

- *Laufen stärkt das Herz-Kreislauf-System.*
- *Durch Laufen wird der Blutdruck gesenkt und die Durchblutung verbessert.*
- *Läufer haben stärkere, größere Muskeln, die Fett verbrennen.*
- *Laufen verbessert die Denkfähigkeit und stabilisiert das Immunsystem.*
- *Laufen regt den sexuellen Appetit an.*
- *Läufer schlafen besser, Angst und Depressionszustände klingen ab.*
- *Das Selbstwertgefühl und die Lebensfreude steigen durch regelmäßiges Laufen.*
- *Läufer haben jüngere Gefäße.*
- *Laufen senkt den Cholesterinspiegel.*
- *Läufer haben stärkere Knochen.*

Diese Liste wird sich in Zukunft sicher noch verlängern. Durch die weiter fortschreitende Verbesserung der Untersuchungsmethoden werden immer mehr gesamtkörperliche Zusammenhänge erforscht – wir stehen erst am Anfang!

Laufen liegt in unserer Natur

Der Urläufer

Betrachten wir den Körperbau des Menschen genauer, lässt sich eines nicht verleugnen:

Wir sind als und zum Läufer geboren. Vor langer Zeit, als unsere Vorfahren sich aufrichteten, entwickelte sich der Mensch zu einem hocheffizienten Fußläufer. Er war auf seinen zwei Beinen schneller und ausdauernder als alle anderen Lebewesen. Sein hoher Körperschwerpunkt ließ ihn mühelos vierzig Kilometer pro Tag laufen. Er musste seinem Futter hinterherrennen. Weil er das fleißig tat, durfte er sich am Abend fortpflanzen. Nur so sind wir Menschen vom Aussterben verschont geblieben. Genetisch gesehen haben wir uns vom ersten Urmenschen bis zum heutigen Tag kaum verändert. Auch wenn dein Nachbar das auf den ersten Eindruck nicht vermittelt. Wir sind geboren, um täglich zwanzig und mehr Kilometer zu laufen.

Du hast im Alter von ungefähr einem Jahr angefangen zu laufen. Ab dem Moment, als du einigermaßen in der Lage warst aufrecht zu stehen, bist du überallhin gelaufen. Bevor du einen vernünftigen Satz sprechen konntest, bist du schon gelaufen. Du konntest weder lesen noch schreiben. Du hast nicht einmal gewusst, welche Sprache du einmal sprechen wirst, aber laufen konntest du von Anfang an. Das ist doch absolut erstaunlich! Es kann doch nur bedeuten, dass Laufen die einfachste und natürlichste Sache der Welt ist.

Jedes gesunde Kleinkind, egal aus welcher Kultur oder Religion es stammt, welche Hautfarbe es hat oder welche Sprache es spricht, läuft. Es läuft, ohne dass ein Erwachsener ihm das beibringt und ohne dass jemand es dazu zwingt. Das Kind läuft, weil es nicht anders kann.

> Laufen ist Leben und befriedigt unseren innersten, ursprünglichsten Bewegungsdrang auf die einfachste Art und Weise.
>
> Laufen, früher eine notwendige Fortbewegungsart, dient heute zum Ausgleich für die sitzengebliebenen Zivilisationsmenschen. Es ist daher eine wichtige Grundlage, die zu einem gesunden und glücklichen Leben führen kann.

Kleine Kinder wissen noch nicht, dass Laufen eine Sportart ist, bei der man sich anstrengt, um etwas zu erreichen.

Für das Kind ist Laufen in erster Linie die Befriedigung eines Grundbedürfnisses und die leichteste Möglichkeit, sich irgendwohin zu bewegen. Ein Mittel, um möglichst schnell seine Neugierde zu befriedigen. Wenn ein Kind eine Katze sieht, läuft es aus reinem Interesse sofort hinterher. Wenn der Drang nach dem Ziel stark genug ist, wird ein Kind niemals gehen, immer laufen. Laufen ist leichter als gehen. Wir drehten einmal einen Film für Kinder, in dem auch eine Gruppe von 6-jährigen Schülern laufen sollte. Auf die Anweisung des Regisseurs, dass sie nun alle laufen sollten, blieben die Kinder wie angewurzelt stehen und fragten: „Wohin?"

Laufen liegt in unserer Natur

Ihr Laufen braucht immer ein Ziel: die Mama, die Sandkiste oder das nächste Geschäft, um Eis zu holen.

Wenn ein Kind müde wird, geht es langsam oder setzt sich, bis es sich erholt hat, um dann weiterzudüsen. Erwachsene sehen eine Pause meist als Schwäche und sie stellen sich die Frage: Darf man sich diese gönnen, hat man sich dafür wohl angemessen angestrengt? Bis zu einem gewissen Alter ist dieses Verhalten akzeptiert worden, weil ein Kind eben ein Kind ist.

Durch die Erziehung in unserer europäischen Gesellschaft lernen Kinder, dass ihr Bewegungsdrang von den Erwachsenen immer weniger akzeptiert wird. Oft wird er sogar als lästig angesehen. Um nicht ständig kritisiert und bestraft zu werden, passen sie sich an die Regeln der Erwachsenenwelt an. Mit viel Energie wird die ursprüngliche Bewegungsfreude unseres Nachwuchses auf ein kleinstmögliches Minimum zurechtgestutzt. Die Sportstunden in der Schule werden reduziert und im Pausenhof darf nicht gerannt werden. Doch es gibt sie noch, eine oder vielleicht zwei Stunden in der Woche, in denen Bewegungsfreude auf Knopfdruck und nach genauem Zeitplan gefordert wird – die Ballett-, Karate- oder Tennisstunde.

Sitz still, sei ruhig und renn nicht herum!

Es gibt kaum noch Platz für laufende Kinder, die ihren Bewegungsdrang auf einfachste Weise befriedigen können.

Laufen liegt in unserer Natur

Die Gesellschaft hat es geschafft! Aus einem lebenslustigen, selbstmotivierenden und laufenden Kind wurde ein sitzender Krümmling geformt.
Was ist das Ergebnis dieser jahrzehntelangen Unterdrückung des Bewegungsdranges? Jetzt rufen Erzieher, Schulen und Krankenversicherungen nach Hilfe, weil sogar schon Grundschüler an Haltungsschäden und Diabetes erkranken.

Paradoxerweise gewöhnen Erwachsene Kindern das natürliche Laufen ab, sodass diese dann wiederum als Erwachsene laufen lernen müssen wie die Kinder. Das ist doch eine verrückte Welt!
Möchten wir irgendwann wieder ins Laufen kommen, stellen wir fest, dass wir durch die lange Laufabstinenz die Leichtigkeit verloren haben.

Alltagsleben

Wie schaut der Alltag eines modernen Menschen aus? Er steht in der Früh auf, setzt sich an den Frühstückstisch, danach wird mit dem geliebten Auto zur Arbeit gefahren. In der Tiefgarage angekommen, lässt er sich mit dem Lift in sein Büro bringen und kann endlich im ergonomischen Bürostuhl Platz nehmen. Dort sitzt er den ganzen Tag, bis auf die kurze Pause, die er wiederum sitzend verbringt. Am Ende des Tages geht es wieder mittels Lift, über Tiefgarage und den langen Stau, immer noch sitzend natürlich, zurück nach Hause. Nach diesem anstrengenden Tag entspannt er sitzend oder liegend vorm Fernseher. Vielleicht macht er einmal eine Ausnahme und verbringt den Abend mit Freunden auswärts. Dafür wählt er wieder einen netten Sitzplatz im Kino, Theater oder Restaurant. Mir tut allein nur bei der Vorstellung dieser täglichen Tortur das Kreuz weh. Der Mensch hält richtig viel aus! Durchschnittlich machen die meisten Menschen höchstens nur noch lumpige 800 hatschende, latschende Schritte pro Tag. Das ist schlicht und einfach zu wenig!
Unsere Wohlstandsgesellschaft leidet unter den fehlenden Schritten, wird dadurch immer kränker und hofft nur noch auf rasche Fortschritte der Pharmaindustrie, um möglichst lang zu überleben. Auch die Industrie hat das Problem haarscharf erkannt und verkauft uns zusätzlich zu den Pulsmessern auch noch handliche Schrittzähler!

Wie auch immer, wer kauft, wird selig.

Nach dreißig Jahren im Bürostuhl oder auf der Couch glaubt doch niemand mehr ernsthaft, dass Erwachsene spontan immer noch so laufen können wie früher als Kinder. Schon allein der Grund des Neuanfangs, oft gesundheitliche Probleme oder die Angst davor, ist mit Widerstand und Abschreckung verknüpft. Der Arzt empfiehlt dir zu laufen wegen des Herzens, der Blutwerte, des Cholesterins und der sich anbahnenden Fettsucht.

Wir können unseren Körper innerhalb relativ kurzer Zeit durch Laufen sanieren, gleichzeitig sanieren wir damit auch die Krankenkassen. Die Tatsache, dass wir im Grunde Lauftiere sind, dürfen wir niemals vergessen.
Meines Erachtens sollten Bewegung und Laufen nicht als Sport angesehen werden, sondern als tägliche gesundheitliche Notwendigkeiten.

Die innere Wahrheit ist ins Gesicht geschrieben

Wir haben viele Kinder verschiedenen Alters beim Laufen gefilmt und sie mit laufenden Erwachsenen verglichen. Wenn man die Bilder in Zeitlupe ansieht, wird offensichtlich, dass die Leichtigkeit und Freude, die die Kinder an der Bewegung fühlen, eine direkte Verbindung mit dem Ausdruck in ihren Gesichtern hat. Sie strahlen alle mit einem fröhlichen Lächeln.
Wenn dieser Zusammenhang so selbstverständlich ist, was sagt das über die Mimik der erwachsenen Läufer aus, denen du auf der Straße begegnest? Ist da noch Freude oder sogar Lust an der Bewegung erkennbar?

Es ist noch nicht besonders lange her, dass ein laufender erwachsener Mensch bei uns auf der Straße auffiel oder verdächtig erschien. Entweder er hatte damals die Straßenbahn verpasst oder etwas geklaut.
Etwa zwei Jahrzehnte später hat sich das Laufen als Sport etabliert. Die Frage ist: Welche Motivation, welche Absicht steckt dahinter?
Es gibt viele verschiedene Gründe, warum erwachsene Menschen laufen: um Körpergewicht loszuwerden, zur Erhaltung der Fitness und der Gesundheit, um ein sportliches Ziel zu erreichen, Spaß an der Bewegung zu spüren, Kreativität zu fördern, um sich selbst etwas zu beweisen, um Stress abzubauen oder sogar um vor Problemen davonzulaufen. Alles ist gut, Hauptsache, der Mensch erhebt sich und kommt erst mal in Bewegung. An den Gedanken lässt sich noch feilen.

Laufen liegt in unserer Natur

Beobachtet man einen Hobbyläufer, seine Bewegungsabläufe und seinen Gesichtsausdruck, kann man relativ leicht erkennen, warum er läuft und welchen Nutzen er sich davon verspricht. Sein Gesichtsausdruck ist eine Reflexion der Anstrengung, die er spürt, was wiederum seine Gedanken widerspiegelt.

Wie oft sieht man erwachsene Menschen, die Spaß haben am Laufen selbst, die laufen um der reinen Freude willen? Die denselben lebensfrohen und vitalen Eindruck hinterlassen wie ein 6-jähriges Mädchen oder ein Hund, wenn sie in der Natur laufen dürfen?

Wenn wir an das Laufen denken und keine Lust verspüren rauszugehen, um eine Runde in der schönen Natur zu traben, dann haben wir mit Sicherheit falsche Eindrücke in unserem Gehirn gespeichert. In diesem Fall haben unsere Augen unbewusst die negativen Bilder gesammelt: von angestrengten, schnaufenden Läufern, die uns auf der Straße begegnen. Wenn wir das Laufen als anstrengend empfinden, ist das vielleicht nur so, weil wir glauben, dass es sich mühevoll anfühlen muss.

Viele Erwachsene kennen nur leistungsorientiertes Laufen. Das ist Laufen für Leute, die sich selbst hauptsächlich von Äußerlichkeiten bestimmen lassen. Sie suchen nicht nach Feedback von innen, also danach, wie sie sich beim Laufen fühlen. Sie lieben Zahlen, Messgeräte und sind vielmehr daran interessiert, wie viele Kilometer sie geschafft haben, wie schnell sie eine bestimmte Strecke gelaufen sind oder wie viele Kalorien sie diesmal verbrannt haben. Dafür werden sie von ihren Mitmenschen bewundert, für ihr Durchsetzungsvermögen und ihre Leistung.

Weil sich diese Leistung messen und in Kilometern, Kalorien und Stunden definieren lässt und sie jeder Mensch versteht. Die Pulsuhr lügt nicht. An diesen Daten kann man sich festhalten, orientieren und einordnen. Nur laufen, ohne zu wissen wie lang, wie schnell oder wie weit, ist für den leistungsorientierten Läufer nicht Grund genug. Running without reason? Nicht vorstellbar für sie. Diese Läufer tendieren aber oft dazu, sich schnell zu überfordern, sind leichter verletzbar oder verlieren nach Wettkämpfen auch oft rasch wieder die Motivation zum Trainieren. Dieses Läuferleben und Läufererleben ist oft sehr begrenzt, außer sie verbünden sich mit einem eher prozessorientierten Läufer.

Der BioRunner

Es gibt eine Alternative. Das ist ein bewusster Läufer, der die Natur im Laufschritt erkundet. Ein „Sight-Jogger" sozusagen. Er hat Freude daran, mit seinem Laufstil zu experimentieren und ist auf der Suche nach Leichtigkeit und Harmonie. Dieser Mensch hört auf seine innere Stimme, seine Atmung und seine Gefühle. Wie lang oder wie weit er unterwegs ist, ist ihm völlig unwichtig. Wenn er sich wohlfühlt, wird er länger oder schneller laufen. Immer ist es seine Intuition, die ihn treibt und auf die er sich hundertprozentig verlassen kann. Er sucht sich schöne Laufwege und genießt die Extreme. Ob Sonne, Wind, Regen oder Schnee, der BioRunner genießt, was die Natur ihm zu bieten hat. Wenn er sich einmal nicht so wohlfühlt, bricht er seine Einheit ohne schlechtes Gewissen ab, weil er weiß, dass es morgen wieder besser läuft. Durch die Lockerheit im Kopf und im Körper bleiben Verletzungen aus und die Motivation hält sich lebenslang.
Irgendwo tief im Unterbewusstsein ist bei jedem von uns eine Sehnsucht nach diesen Gefühlen der Freiheit und Sensibilität gespeichert. Wir können sie mit Aufmerksamkeit wieder in unser Bewusstsein befördern und die Leichtigkeit, die wir einst hatten, wieder entdecken.

Bevor wir nun gemeinsam diesen Weg beschreiten, sollten wir noch einige jener negativen Glaubenssätze, die viele Menschen über das Laufen erzählen, aus deinem Gedächtnis streichen:

1. Dass man sportlich sein muss, um zu laufen.
Es gibt natürlich einen Unterschied zwischen Sport und Bewegung. Ich kann zum Beispiel gemütlich spazieren gehen, kann aber auch Gehen als Sportart betreiben. Allerdings sieht dieses Schnellgehen für Außenstehende komisch aus, also lassen es die meisten doch eher beim Spazieren.
Leider betrachten viele Menschen Laufen als einen Sport und sehen es nicht wie das Gehen: als eine schnellere, natürliche Fortbewegungsart oder Entspannungsmethode für die Seele.

Laufen liegt in unserer Natur

2. Dass Laufen anstrengend ist.

Dieser Irrtum hat nur damit zu tun, dass erwachsene Menschen in Europa diese Ansicht in ihrem Gedächtnis verankert haben. Was du denkst, empfindest du auch. Überlege doch mal: Wenn das Laufen tatsächlich so anstrengend wäre, wie kann es dann sein, dass kleine Kinder bis zu zehn Kilometer täglich laufend zurücklegen? Sie haben doch noch gar keine Kraft und keine starken Muskeln entwickelt. Afrikaner und Indianerstämme in Südamerika laufen täglich, oft noch schwer beladen, mühelos bis zu 50 Kilometer – sie lachen und plaudern dabei und sehen das Laufen als soziales Fortbewegungsmittel, das noch dazu gratis ist. Wenn du Laufen als anstrengend empfindest, dann machst du es einfach falsch!

3. Dass Übergewichtige nicht laufen dürfen.

Viele zu dicke Menschen glauben, sie müssen sich beim Laufen besonders anstrengen und machen grundsätzlich immer viel zu viel. In ihrem Kopf findet schon das gesamte Alltagsleben als Anstrengung statt und diese Einstellung setzt sich im Sport oder in Freizeitaktivitäten fort. Mit kurzen Einheiten zu Beginn, oft nur eine Minute, langsam steigernd und mit der richtigen Lauftechnik, können auch Übergewichtige problemlos laufen. Fitness und Gewichtsabnahme stellen sich dann von selbst ein.

4. Dass Laufen die Gelenke und Bandscheiben überlastet.

Gelenke können nur überlastet werden, wenn der Körper als komplexes System mit seinem Skelett, all seinen Muskeln und Bändern nicht optimal im Sinne der physikalischen Gesetze verwendet wird. Also durch falsche, einseitige Belastung aus längerfristigen Fehlhaltungen und schlechten Bewegungsgewohnheiten. Einzig die richtige Lauftechnik ist ausschlaggebend, ob Erkrankungen an den Gelenken und Verschleißerscheinungen entstehen oder ob du dein Leben lang ein fröhlicher Läufer bleibst. Meist belasten wir beim Laufen nicht alle Gelenke gleichmäßig, sondern Kräfte, die einwirken, konzentrieren sich auf Knie, Hüften oder den unteren Rücken. Grundsätzlich ist gleichmäßig verteilte Belastung notwendig, um die Bandscheiben zu ernähren. Sie funktionieren ausschließlich wie ein Schwamm, der Nährstoffe ansaugt und Abfallprodukte wieder rauspresst. Jede Belastung unseres Skeletts hat außerdem noch den großen Vorteil der Erhöhung der Knochendichte. Der Osteoporose wird somit auch beim Laufen ein Schnippchen geschlagen.

Vergleicht man die Knochendichte beider Arme eines Tennisspielers, wird ersichtlich, dass durch die Belastungen die Knochendichte des spielenden Arms wesentlich höher ist als die des nicht eingesetzten Arms.

Würde dieser Tennisspieler sein Training einstellen, könnte man innerhalb von sechs Monaten in beiden Armen eine ähnliche Knochendichte nachweisen. Das macht wieder deutlich, wie schnell unser Körper fähig ist, sich neu zu formen oder Substanz abzubauen.

Use it or lose it!

Ist unser Körper keiner Belastung ausgesetzt, wie zum Beispiel in der Schwerelosigkeit des Alls, beginnt der Körper das Skelett abzubauen. Kommt ein Astronaut aus seiner Raumstation auf die Erde zurück, besitzt er die Knochen einer 70-jährigen Frau!

Mein Jugendtrainer in Neuseeland, Arthur Lydiard, war einer der großartigsten Lauftrainer der Welt. Er hat viele Olympiasieger trainiert, wie Peter Snell und Murry Halberg. Er lebte selbst um zu laufen und für das Laufen.
Peter Snell hat etliche Jahre später seinen ehemaligen Trainer Lydiard im Alter von 75 Jahren untersucht. Er wollte wissen, welchen Effekt lebenslanges Laufen auf die menschliche Physiologie hat. Das Ergebnis war, dass Lydiard die Muskelstruktur und Knochendichte eines nicht laufenden 40-jährigen Mannes besaß. Sein Lungenvolumen war 3 Liter über der Norm seiner Altersgenossen und Arthurs Geist war genauso scharf wie sein Rasiermesser. Lydiard hielt Seminare und ist bis zu seinem Tod gelaufen. Wir Läufer haben starke Knochen und große Lungen!

5. Man muss den inneren Schweinehund überwinden.
Den inneren Schweinehund kenne ich nicht, ich bin ihm niemals begegnet! Den gibt es in der Natur und in Wirklichkeit nicht, der treibt sich nur in der deutschen Sprache herum. Ich habe erst von diesem Fabelwesen gehört, als ich Deutsch lernte. Das Tier war mir völlig fremd, kommt in Neuseeland nicht vor und ich wusste auch nicht, was oder wer das sein sollte. Es war mir ein Rätsel, was Einheimische damit meinten.
Angeblich schützt diese innere endemische Tierart die Mitteleuropäer vor Überanstrengung. Das könnte meines Erachtens eigentlich nur positiv sein, weil niemand sich freiwillig überanstrengen und überwinden sollte. Laufen kommt nur aus reinem Spaß an der Freud, das ist meine Devise!
Vor ein paar Jahren kam Hans zu mir. Ein ziemlich übergewichtiger Mann, der beim Gehen Schmerzen in seinen Knien hatte. Ich beobachtete ihn, während er vor mir auf und ab ging, sich hinsetzte und aufstand. Sein Belastungsproblem

Laufen liegt in unserer Natur

war für mich sofort offensichtlich. Ich zeigte ihm auf, welch große und vor allem unnötige Mühe er sich bei all seinen Bewegungen machte. Anhand von einigen Übungen vermittelte ich ihm Möglichkeiten, ohne Knieschmerzen zu gehen. Außerdem empfahl ich ihm, sehr langsam mit dem Laufen zu beginnen. Mit kleinen Schritten, die seine Knie und das übrige Skelett nicht überlasten.

Wir begannen gemeinsam barfuß auf der Wiese zu gehen. Ich zeigte ihm, wie seine Körperhaltung mit seinem Denken zusammenhing, bat ihn schneller zu gehen und noch kleinere Schritte zu machen. Er fing langsam an zu traben. Ich zählte seine Schritte bis dreißig und stoppte ihn.

Wim: *Du bist jetzt gelaufen, das reicht schon für heute.*

Hans schaute mich verwundert an und lachte mich aus. In seinem Verständnis war das nicht laufen, das musste mindestens 30 Minuten dauern, wie alle Experten empfehlen, sonst bringt das ja nichts.

Wim: *Wenn du jetzt 30 Minuten läufst, wirst du das nur ein einziges Mal machen. Danach bist du vielleicht tot. Du musst mit 30 Schritten anfangen. War das leicht für dich?*

Hans: *Ja, das war total leicht, das war ja nichts!*

Wim: *Könntest du das noch mal machen?*

Hans: *Ja, natürlich!*

Wim: *Sehr gut, es ist genug für heute, morgen darfst du wieder! Du musst immer dann aufhören, wenn du noch mit Leichtigkeit weiterlaufen könntest. Laufe niemals so lange bis du müde bist und nicht mehr kannst! Damit nimmst du dir die Freude und ruinierst deine Gelenke.*

Gehe morgen spazieren, trabe dann mal 30 Schritte und gehe wieder nach Hause. Mach das täglich, aber sei dir sicher, dass du immer dann zu laufen aufhörst, wenn du noch genauso leicht die doppelte Strecke weiterlaufen könntest. So kannst du langsam anfangen, dich zu steigern, ohne dass die Lust daran verloren geht.

Hat Hans jetzt einen inneren Schweinehund, den er überwinden muss? Nein, hat er nicht. Denn er empfindet keine Anstrengung, wenn er an das Laufen denkt. Er muss sich nicht überwinden. Es dauert nicht lange und so kann er leicht eine kleine Runde tägliches Laufen in sein Leben integrieren. Wenn sich etwas leicht anfühlt, machen wir es gerne. Wenn wir es gerne tun, tun wir es öfter. Durch die regelmäßigen Wiederholungen erleben wir eine Veränderung. Diese

Laufen liegt in unserer Natur

wird sowohl spürbar wie auch sichtbar, das wiederum bringt Erfolg und bleibende Motivation mit sich.

Inzwischen hat Hans mehr als 50 Kilo Gewicht verloren und läuft täglich mit seinem kleinen Hund. Manchmal 20 Minuten, manchmal eine Stunde, und seine Knieschmerzen hat er bis heute nicht mehr gespürt. Wenn jemand mir sagt, dass dicke Menschen nicht laufen können, behaupte ich das Gegenteil. Es geht immer nur um das WIE!

Den inneren Schweinehund sollte man niemals überwinden oder bekämpfen. Das widerspricht den Naturgesetzen, weil es nichts mit Leichtigkeit zu tun hat. Viel besser ist seine Einstellung etwas zu ändern, dann vergisst man ganz leicht, dass es so ein Tier jemals gegeben hat.

Wer von euch ist nicht in der Lage, die ersten 30 Schritte zu machen? Das schafft jeder mit Leichtigkeit!

Die Vision der Leichtigkeit

Es ist der Geist, der gut oder böse macht,
der traurig oder glücklich, reich oder arm macht.
EDMOND SPENSER

Auf der Suche nach neuen Idolen – Kinder und Tiere

Menschen identifizieren sich gerne mit Idolen, als Vorbilder, an denen sie sich orientieren. Diese besitzen Eigenschaften oder Fähigkeiten, die wir bewundern oder die wir selbst gerne hätten. Ich möchte dir in diesem Kapitel Idole vorstellen, die dir helfen, das Laufen neu zu definieren.
Lenke deine Aufmerksamkeit auf laufende Kinder. Schau ihnen genau beim Laufen zu, sooft es dir möglich ist. Beobachte Hunde, Katzen, Rehe oder Pferde beim Laufen. Im Fernsehen werden viele wunderbare Naturfilme gezeigt – hier kannst du ganz bequem laufende Wildtiere bewundern und dabei auf einfache Art sehr viel für dich selbst lernen.
Das Einzige, was du dabei benötigst, ist eine andere Betrachtungsweise.
Achte auf die Schritte, die sie machen. Beobachte die Leichtigkeit der Bewegung, wie graziös und leichtfüßig sie laufen und springen.
Stelle dir dabei immer wieder vor, wie es sich anfühlen würde, so zu laufen, so zu fliegen wie diese Tiere. Verwende deine Vorstellungskraft, um diese ursprüngliche Leichtigkeit zu spüren.
Die Natur zeigt in jeder Sekunde ihre vollkommene Mühelosigkeit. Schwebende Störche oder Kraniche, die kleinste Brisen ausnutzen, um Kräfte zu sparen. Mächtige Adler und Bussarde, die die Thermik in ihre eigene Energie umwandeln. Afrikanische Springböcke oder australische Kängurus, die unglaubliche Sprünge vollbringen, so als wäre die Schwerkraft überhaupt nicht vorhanden.
Wenn wir bei den Menschen bleiben, die Kenianer, die Äthiopier oder Tarahumara-Indianer – laufende Sensationen! Solche Bilder sind zum Genießen gemacht! Statt dich auf Anstrengung zu konzentrieren: Wie wäre es, zur Abwechslung die Aufmerksamkeit auf Leichtigkeit zu lenken?

Vision der Leichtigkeit

Du brauchst diese Eindrücke und Vorbilder, um dir zu zeigen, dass auch der Mensch grundsätzlich fähig ist, mit dieser Qualität zu laufen. Wir laufen so, wie die Eindrücke davon in unserem Gehirn manifestiert sind. Kämpfen wir, bewundern wir Überwindung, Durchsetzungsvermögen, Trainingsregime und Disziplin? Dann ist klar, dass sich sowohl das Laufen als auch das Alltagsleben genau so anfühlen. Wie schon gesagt, deine Gedanken, bewusst oder unbewusst, werden live auf deine Haltung, deinen Gesichtsausdruck, die Atmung und in deine Bewegungen übertragen.

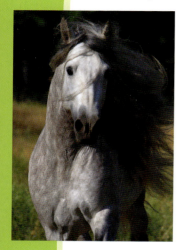

Ein Mensch, der genießt, hat die Fähigkeit, diese enorme Qualität einzusetzen, egal ob er eine Torte isst, Liebe macht, seine Fenster putzt oder zweimal um den Block läuft. Das funktioniert allerdings nur, wenn die Qualität des Genießens im Vordergrund steht. Wer nur an die triste Tatsache, die Fenster putzen zu müssen, denkt und dazu noch erwartet, dass es anstrengend und langweilig ist, wird es auch so erleben. Du bekommst, was du dir wünschst! Wenn du irgendeine Tätigkeit schon aus Gewohnheit als unangenehm oder als eine Zeitverschwendung empfindest, dann wird sie das auch bleiben – jedes Mal. Was du erwartest, bekommst du auch. Dieses Gesetz der sich selbst erfüllenden Prophezeiung funktioniert mit Sicherheit. Wir können alles in unserem Leben steuern, wenn wir zuerst entscheiden, mit welchem Gefühl wir an eine Sache herangehen.

Wir dürfen nie vergessen: WAS wir machen, hat nichts mit der Qualität, WIE wir es machen, zu tun. Allein das WIE entscheidet, ob uns eine Angelegenheit Spaß macht oder nicht. Ob sie positive Energien, die mit Gesundheit einhergehen, oder negative Energien, die sogar Krankheiten verursachen können, in uns wachruft.

Die Kraft der Gedanken – Nütze dein Kraftwerk Geist. Denk dich vital, stark und gesund.

Unsere Gedanken sind im Grunde eine Ansammlung von endlosen Dialogen, Interpretationen, Beobachtungen, Ausdruck von Gefühlen und Eindrücken. Wir diskutieren das Für und Wider von Entscheidungen mit uns und überlegen Strategien, um Meinungsverschiedenheiten beizulegen.

Ein Glück für unsere Mitmenschen, dass wir selbst die einzige Person sind, die diese innere Stimme, die andauernd mit uns schwafelt, anhören muss. Allein kleine Kinder oder Menschen mit einer bestimmten Behinderung sagen ununterbrochen, was sie denken. Wir wissen, wie anstrengend ein derartiger Monolog auf die Dauer werden kann.

Wenn wir als erwachsene, bewusste Menschen etwas von unseren Gedanken preisgeben, haben wir vieles davon schon zensuriert. Nur uns selbst bleibt nichts verborgen, wir müssen uns beinhart anhören, was wir denken. Manchmal, wenn wir eigentlich schon gerne einschlafen möchten, wünschen wir uns, dass das ganze Geplapper von der letzten Diskussion im Büro endlich aufhört. Aber was ist ein Gedanke wirklich?

Eine mögliche Erklärung könnte sein: Wir haben einen Gedanken und das Gehirn stellt eine Frage dazu und versucht sie natürlich auch gleich zu beantworten. Problematisch dabei ist allerdings, dass unser Gehirn extrem erfinderisch und fantasievoll ist. Es sucht nach Lösungen und holt Informationen aus dem angelegten Speicher. Meist stammen diese von Erlebnissen aus der Vergangenheit, diese Interpretationen entsprechen aber nicht mehr unbedingt der Realität.

Ein Beispiel:

Du sagst dir oder deinem Freund: *„Laufen ist schwer."*
Die Reaktion in deinem Gehirn zu diesem Gedanken ist die Frage:
„Warum ist Laufen schwer?"
Sofort arbeitet dein geniales Gehirn auf Volltouren und sucht auf deiner Festplatte nach allen möglichen Antworten. Es funktioniert in etwa genau so, als würdest du einen Suchbegriff bei Google eingeben. Seine ganze Schöpferkraft wird eingesetzt und folgende Antworten könnten vielleicht erscheinen:
„Laufen ist schwer, weil ich so schwer bin!"
„Schon in der Schule war Laufen schwer und es hat mir nie Spaß gemacht."
„Ich bin nicht sportlich, schon mein Turnlehrer sagte, ich laufe wie ein Nilpferd."
„Es läuft auch niemand in meiner Familie."
„Ich habe die schwachen Gelenke meiner Mutter in den Genen."
Viele andere Glaubenssätze können sich wie Parasiten in deinem Gehirn festgesetzt haben. Mit der gegenwärtigen Realität haben sie aber nichts zu tun.

Vision der Leichtigkeit

Vision der Leichtigkeit

Eine viel bessere, effizientere Frage an dein Gehirn wäre also:
„Was kann ich tun, um mich beim Laufen leichter zu fühlen?"
„Wie kann ich mich verbessern, auf welche Weise kann ich mich weiterentwickeln?"
Diese Fragen bieten dir die Möglichkeit, über die Leichtigkeit nachzudenken, und bringen dich dazu, nach vorne zu schauen in eine auf allen Ebenen verbesserte Zukunft, wie du sie dir wünschst. Mit Alternativen und dem Wissen, dass du selbst jetzt aktiv etwas dafür tun kannst.

Mögliche Lösungen, um das Laufen als leichter zu empfinden, wären:
Kürzere Strecken zu laufen, Gehpausen einzulegen, um eine andere Uhrzeit zu laufen, dich auf die Atmung zu konzentrieren oder deine Aufmerksamkeit auf einen anderen Körperteil von dir zu lenken.
Du hast bestimmt noch eine Menge anderer Ideen.

Leicht oder Schwer – Nur eine Entscheidung im Kopf

Um dir Kraft und ihre Auswirkung auf Gedanken in einem anschaulichen, einfachen Beispiel verständlich zu machen, probiere bitte die folgende Übung:
Stelle dich gerade hin und lasse deine beiden Arme locker nach unten hängen. Schließe nun deine Augen und hebe den rechten Arm seitlich hoch, während du dir vorstellst, dass jemand mit aller Kraft diesen Arm nach unten drückt. Beobachte dabei, wie schwer sich dein Arm und diese Bewegung anfühlen.

Dann lasse den Arm wieder locker nach unten hängen. Nun stelle dir bitte vor, dass du einen Faden um dein Handgelenk gebunden hast und jemand zieht deinen Arm an diesem Faden über deinen Kopf. Hebe mit dieser Vorstellung deinen rechten Arm und fühle, wie leicht der Arm plötzlich geworden ist. Hast du den Unterschied gespürt?
In beiden Fällen hat dein Arm dasselbe Gewicht gehabt. Nur durch die Kraft deiner Gedanken hat sich dein Arm leichter oder schwerer angefühlt.

Leicht oder schwer in einer Bewegung zu sein ist ein Konzept, das nur im Kopf liegt, und es ist immer relativ. Sobald du realisierst, dass du die entscheidende Kraft hinter deinen Gedanken bist, hast du in der Hand bzw. in den Beinen, was du fühlen und erleben willst.
So leicht ist das. Es braucht nur einen Gedanken. Der leichte Gedanke, das ist der Gedanke des Glücks, und den kannst du dir in allen Bereichen und in jeder Sekunde deines Lebens selbst produzieren.

Wenn ich jemanden laufen sehe, der sich äußerlich schwerfällig anfühlt, kann ich seine Gedanken sogar lesen. Er denkt Folgendes:

> „Wie lange muss ich noch laufen?"
> „Warum ist Laufen so anstrengend?"
> „Mein Gott, ist es noch weit bis nach Hause?"
> „Warum tue ich das überhaupt?"
> „Ich freue mich, wenn es endlich vorbei ist!!"

Für jede dieser Fragen gibt es ein Buch voller Gedanken, die er in seinem Kopf sammelt. Der Moment des Glücks ist für ihn der Moment, an dem er zu Hause ankommt. Bald ist er noch glücklicher, wenn er gar nicht mehr läuft. Wenn du gerne laufen möchtest, musst du dafür sorgen, dass du das Glück beim Laufen selbst erlebst.

Schleppt man sich schon bei herrlichem Sonnenschein schwerfällig dahin, völlig erschöpft und fertig, wie wird das Laufen, wenn es bewölkt ist?
Wie oft kann man sich motivieren hinauszugehen bei schlechtem Wetter, bei einem dichten Terminkalender oder wenn der Alltag mehr fordert?
Wir können uns noch so oft überwinden, irgendwann sucht der Geist Gründe, um uns nicht mehr überwinden zu müssen. Sogar der Körper wehrt sich dagegen. Durch die Schwerfälligkeit der Bewegungen fangen die Gelenke an zu schmerzen. Das wiederum bestätigt uns, dass Laufen nicht gesund ist oder wir nicht dafür geschaffen sind.

Ich laufe gerne täglich, und wenn ich es als anstrengend empfinden würde, würde ich es nicht tun.
Mich frühmorgens aus den Federn zu bewegen und zu laufen, kommt mir nur in den Sinn, weil ich es als einen vergnüglichen, befreienden und erfrischenden Anfang für meinen Tag empfinde. Das bedeutet, ich allein entscheide, wie ich

Vision der Leichtigkeit

Vision der Leichtigkeit

mich fühlen möchte. Die wenigsten Menschen suchen absichtlich und bewusst ein anstrengendes Leben.

Laufen kann dich beflügeln, reinigen und dazu motivieren, deinen Tag schöner zu gestalten. Es hilft dir, neue Ideen und Perspektiven zu finden, deinen Stress abzubauen oder sogar zu verhindern, dass er entsteht. Ein Lauf hebt deine Stimmung, bringt dich deiner Seele näher und stärkt die Verbundenheit mit der Natur. Alle Bereiche deines Lebens werden bewusster, und so wirkt das Laufen für dich wie ein Lebenselixier.

Stelle dir bewusst gescheite Fragen

Wir müssen verstehen lernen, wie genial unser Gehirn arbeitet. Zu jeder Frage, die wir stellen, findet es in Windeseile eine oder mehrere Antworten, um unsere Realität zu bestimmen. Und diese prägen unsere Gefühle. Aus diesem Grund müssen wir unserem Gehirn gescheite Fragen stellen, die nämlich auf die Gegenwart und nicht auf die Vergangenheit ausgerichtet sind. Wir sollten lernen Fragen zu formulieren, die uns ermöglichen, das zu bekommen, was wir uns wünschen.

Hier sind einige wichtige Fragen, die du dir selbst stellen solltest und die dich in eine positive Richtung bringen können:

> „Was kann ich tun, um meinen Lauf mehr zu genießen?"
> „Wie kann ich mehr Spaß empfinden, während ich laufe?"
> „Was ist am Laufen genial?"
> „Welcher meiner Körperteile braucht beim Laufen mehr Aufmerksamkeit?"
> „Was kann ich tun, um mich beim Laufen glücklicher zu fühlen?"

Der Schlüssel ist, sobald du Gedanken und Vorstellungen vom Laufen mit Genuss, Leichtigkeit, Beschwingtheit und Lust verbunden hast, wird sich das Laufen auch so für dich anfühlen. Das, worauf du deine Aufmerksamkeit lenkst, wird zu deiner Realität.

Natur pur

Vision der Leichtigkeit

Die Natur funktioniert vollkommen reibungslos, das bedeutet, unser Körper hat keine eingebauten Widerstände. Alles, was es im Universum gibt, entsteht, verändert und verwandelt sich ständig ohne jeglichen Kraftaufwand.
Wir Menschen sind Wesen der Natur, wir sind aus den gleichen Stoffen gebaut wie das Wasser im Ozean und der Baum vor unserem Haus, das Obst und Gemüse, das wir essen, und der Papagei im Regenwald. Alle enthalten die gleichen Moleküle, die auch in unserem Körper vorhanden sind.

Die Wahrnehmung, die wir von uns selbst und der Welt, in der wir leben, haben, ist extrem eingeschränkt. Nur ein kleiner Teil von ungefähr 5 Prozent von allem, was um uns passiert, gelangt in unser Bewusstsein. Das bedeutet, den Großteil von 95 Prozent aller Eindrücke, die uns umgeben, nehmen wir nicht bewusst wahr. Jeder Mensch bemerkt natürlich andere Dinge, eben die, die von seinem Gehirn als für ihn wichtig gefiltert werden. Zeigen wir einer Gruppe von Menschen ein Bild oder erzählen ihnen eine Geschichte, wird jeder von ihnen andere Details wahrnehmen und in Erinnerung behalten. Vielleicht auch etwas dazuerfinden – alles ist nur eine Interpretation des Erlebten!

Betrachtet man die moderne westliche Welt genauer, wird klar, dass in diesem System unser Körper als eine Art Maschine angesehen wird. Bestehend aus vielen Einzelteilen, die ein Leben lang unverändert bleiben. Wie absurd dieses Konzept ist, zeigt ein Blick ins Fotoalbum. Wenn man seine Entwicklung vom Baby bis zum heutigen Tage anschaut, wird offensichtlich, dass wir uns ständig geändert haben, und wir werden das auch in Zukunft weiter tun. Auch deine Persönlichkeit ändert sich mit der Zeit. Du hast heute nicht mehr die gleichen Gedanken, wie du sie mit acht Jahren gehabt hast. Oder mit vierzehn oder mit fünfundzwanzig.

Da sind wir beim allseits beliebten: „Bleib wie du bist". Was wollen wir damit tatsächlich ausdrücken? Haben wir Angst vor Veränderung, vor Neuem in unserem Leben?
Es ist rein physisch unmöglich, so zu bleiben wie man ist. Kleinste Teilchen von uns sterben in einem ständigen Prozess ununterbrochen ab und werden genauso schnell wieder aufgebaut.

Vision der Leichtigkeit

Die Quantenphysik erklärt, dass der Körper aus Milliarden von Atomen besteht, die sich ständig austauschen und erneuern, in jeder Sekunde unseres Lebens. Durch die verschiedenen Informationen, mit denen wir in Berührung kommen, gibt es einen ständigen Neuaufbau des Körpers. Diese Impulse erhalten wir aus der Luft, die wir atmen, aus Nährstoffen der Nahrung, durch Bewegungen, die wir ausführen, und von dem, das alles andere in uns steuert, nämlich unseren Gedanken.

Unsere Gedanken bestimmen, wie und in welcher Form der Körper diese Informationen aufnehmen kann, sie bestimmen aber auch unsere Physiologie.

Wenn jemand traurig ist, kann man das leicht an seiner Körperhaltung erkennen, genauso wie wenn dieser Mensch Begeisterung ausdrückt. Unsere Physiologie wird allerdings durch eine noch tiefere und elementarere Ebene, die Molekularebene, bestimmt.

Spaß macht gesund – Stress macht krank

Unsere Gedanken interpretieren Ereignisse, die wir erleben. Die Art der Interpretationen beeinflusst die Ausschüttung der dementsprechenden körpereigenen Substanzen.

Wenn ich im Meer bei großen Wellen schwimme, empfinde ich pure Lust. Es bereitet mir riesigen Spaß und grandioses Vergnügen, in diesen Wellen zu surfen. Mein Körper produziert durch diese Freude Substanzen wie Interleukin und Interferon. Das sind sehr starke körpereigene Substanzen, die mein Immunsystem aufbauen.

Schaue ich aber dem ängstlichen Mann neben mir in der gleichen großen Welle, die ihn in Angst und Schrecken versetzt, zu, sind die Reaktionen in seinem Körper aufgrund seiner panischen Gedanken und Gefühle ganz anders gelagert. In seinem Fall der lebensbedrohlichen Anspannung produziert sein Körper Stresshormone wie Cortisol, Adrenalin und andere Substanzen, die sein Immunsystem angreifen und zerstören.

Ein und dieselbe Situation kann also bei verschiedenen Menschen ganz unterschiedliche Reaktionen auslösen. Der Unterschied zwischen positiver Stimulation des Immunsystems und der Störung des Immunsystems ist allein meine Interpretation des gerade Erlebten.

Vision der Leichtigkeit

Der menschliche Körper ist manifestierter Ausdruck seiner Gedanken.
Ein Ängstlicher, der überzeugt ist, dass gerade er bei jeder Grippewelle erkranken wird, konstruiert seine eigene Zukunft. Mit an Sicherheit grenzender Wahrscheinlichkeit wird das erste Grippevirus in seiner Nähe ihn anspringen und ins Bett zwingen. Gedanklich macht dieser Mensch alles richtig, um krank zu werden und sich selbst zu schaden. Seine Angst schwächt das Immunsystem und macht ihn anfälliger. Seine Körperhaltung gibt seine innere Haltung wider, und die Angst vor der Grippe drückt sich in seiner Wortwahl aus. Besser kann man Krankheiten gar nicht manifestieren.

Aber kennst du sie auch, die, die sich nie anstecken lassen? Auch wenn schon die halbe Stadt darniederliegt, rennen sie noch immer strahlend durch die frostigen Straßen und erfreuen sich mit Optimismus bester Gesundheit. Es gibt sie, und ihre Körperhaltung spiegelt diese Überzeugung wider, wie auch die Wahl der Worte, die sie benutzen. Von denen hört man: „Ich bin gesund!" Sie denken sich gesund, stimmen sich selbst fröhlicher und stärken damit auf der molekularen Ebene ihr Immunsystem.

Salutogenese

So nennt sich der neue Forschungszweig, der die Gesundheit und nicht die Krankheit in den Mittelpunkt der Wissenschaft rückt.

Mikrobiologin und Neuropharmakologin Prof. Candace Pert vom US-amerikanischen National Institute of Health sagt dazu: „Jede Heilung ist eine Selbstheilung. Wir wissen, dass es im Gehirn Regionen gibt, die die Aktivität des Immunsystems steuern. Sie können eine massive Freisetzung von Chemikalien anregen, die die Vorgänge im Knochenmark und in der Milz beeinflussen."

Neu aktivierte Zellen tauchen plötzlich auf, die Organe reparieren, Entzündungen stoppen und sogar Tumore aushungern können. Stresshormone wie Adrenalin und Cortisol verhindern im Gehirn die Ausschüttung Heilung unterstützender Botenstoffe und schwächen so unsere Abwehr.

Durch die Atemmeditation im Nasenatmung-Kapitel kannst du lernen Stress zu vermindern, weil die Meditation das aktive Gehirn auf Ruhe umpolt.

Was hat das nun alles mit BioLaufen zu tun?

Wenn wir Gedanken und Gefühle von Leichtigkeit und Schweben zulassen, empfinden wir Glück. Glück ist nicht nur etwas, das wir oberflächlich spüren. Glück ist ein existenzieller Zustand, der verhindert, dass wir erkranken. Im Glücksrausch können wir allein durch die Wahl unserer Gedanken Substanzen wie Serotonin und Dopamin, so genannte Glückshormone, ausschütten. Fehlen uns diese Substanzen längerfristig, fallen wir in eine Depression. Antidepressiva regulieren medikamentös diesen Serotonin-Haushalt, allerdings mit vielen Nebenwirkungen. Wir besitzen die geniale Kraft, selbst in unserem Körper dieselben Antidepressiva gratis, ohne Nebenwirkungen und in der richtigen Dosis herzustellen. Allein nur dadurch, dass wir Gefühle der Freude und Leichtigkeit empfinden und diese zum Ausdruck bringen.

Warum aber tun sich viele unserer Mitmenschen so schwer damit, Glück zu empfinden? Ein wichtiger Hinderungsgrund ist die Tatsache, dass viele ihr Glück von äußeren Umständen abhängig machen. Vorsicht: Pessimismus, Jammerei und Ärger sind extrem ansteckend! Schlimmer als ein Grippevirus. Kontakt damit sollte unbedingt vermieden werden!

Alles was Menschen tun, tun sie in der Hoffnung, irgendwann glücklich zu sein. Glück ist das Ziel. Glück bringt Gesundheit, daher ist Glück der normale menschliche Zustand.

Realisieren wir, dass Glücklichsein aus einer Entscheidung resultiert, für die wir

selbst verantwortlich sind, produzieren wir auch selbst unsere Gesundheit. Damit kommen wir unseren Träumen ein großes Stück näher.

Erleben wir Aufenthalte in wunderschöner Natur oder tiefe Entspannung in der Meditation, empfinden wir absoluten Frieden und Ruhe. In dieser Phase ist unser Körper eifrig dabei, Valium zu produzieren. Dieses Valium ist anders als das aus der Apotheke, weil es, wie auch das selbst erzeugte Serotonin, keine Nebenwirkung mit sich bringt. Exakt in der richtigen Dosis, abgestimmt auf dein Geschlecht, Alter und deine Körpergröße, bist du in der Lage, alle für dich positiven Chemikalien in deinem Körper zu produzieren. Allein nur, indem du etwas Wunderschönes anschaust, hörst oder etwas erlebst, das dich tief im Innersten freudig berührt. Ein Derwisch-Tänzer, der dich ins Träumen versetzt. Sanfte, melodiöse Musikstücke oder das Streicheln deiner Katze lösen derartige Gefühle und Substanzen aus.

Wir bauen uns täglich neue Körperteile, ob uns das gefällt oder nicht. Täglich bestimmen wir, ob wir uns gesünder und kräftiger machen wollen oder schwächer und kränklicher, als wir im Moment sind. Lenke deine Aufmerksamkeit auf das Schöne, das dein Leben dir zu bieten hat. Genieße und lache täglich, tue, was dir Spaß macht. Das alles wird nicht nur deine Lebenserfahrung, es wird auch dein neuer, vitaler Körper.

Neue Gewohnheiten braucht der Mensch

Unser Kopf ist rund,
damit das Denken die Richtung ändern kann.
FRANCIS PICABIA

Täglich das Gleiche

Schätzungsweise 60.000 Gedanken kreisen täglich im Kopf eines Menschen. Diese Zahl ist für viele schon eine sehr große Überraschung. Erstaunlich ist allerdings, dass wir von den Gedanken, die wir heute haben, 95 Prozent auch gestern schon hatten. Diese ständig gleiche Denkweise, Tag für Tag, wird im Laufe der Zeit ein Teil unserer Gewohnheiten. Aber nicht nur wie wir denken, sondern auch wie wir atmen, wie wir essen und wie wir uns bewegen. Alles wird zu einer Gewohnheit, wenn wir es immer wieder auf die gleiche Art wiederholen. Es wird in unserem Gehirn als: „Kennen und können wir schon, also benützen wir es aus praktischen Gründen auch" verankert. Das stimmt natürlich auch und erleichtert bis zu einem gewissen Grad das Alltagsleben.
Tragisch aber ist, dass wir all unsere Gewohnheiten für richtig halten. Wir klammern uns daran, als wären sie genetisch vererbt oder existenziell wichtig für unser Überleben. Der Großteil unserer Gewohnheiten aber wurde uns auferlegt. Wir haben uns meist nicht selbst dafür entschieden, sondern unsere Mitmenschen haben das für uns übernommen. Diese Gewohnheiten richten sich nach dem Land, der Kultur oder der Religion, in die wir hineingeboren wurden.

Wenn zwanzig Männer über die Straße gehen, erkennst du von Weitem, wer davon dein Vater ist. Auch wenn es fast dunkel ist und du sein Gesicht nicht siehst, erkennst du ihn an seinem einmaligen Gang. Vielleicht gehst du auch so wie er oder so ähnlich! Jeder Mensch hat einen ganz speziellen, eigenen Gang, der aus seinem bisher Erlebten entsteht. Das Interessante aber ist, wenn zwanzig Katzen über die Straße rennen, kannst du keine Unterschiede in ihren Bewegungen sehen. Der Grund dafür ist, dass sie alle identisch rennen.

Neue Gewohnheiten

Menschen gehen wie sie denken. Wenn sie glauben, ein schweres Leben zu haben, gehen sie auch mühevoll – und das ein Leben lang. Wenn sie glauben, sich ständig beweisen zu müssen, strecken sie ihren Brustkorb übertrieben nach vorne – und das ein Leben lang. Ob man schüchtern, motiviert, ängstlich, selbstbewusst, traurig oder glücklich ist, das Gefühl ist immer kongruent zu der Art, wie man sich bewegt. Menschen, die gewohnt sind, schlampig zu gehen, eigentlich mehr so dahinzuschlapfen, fühlen sich in der Regel unmotiviert und lustlos. Wenn dein Hund oder deine Katze so armselig gehen, überlegst du keine zehn Minuten und bringst sie zum Tierarzt.

Interessant dabei ist, dass jeder Mensch seinen Gang als korrekt, meist auch ansprechend empfindet, weil er ihn eben gewöhnt ist. Das Problem liegt wie immer in der fehlenden Selbst-Bewusstheit des Menschen.
Das Selbstbild, das wir von uns haben, hat mit dem Fremdbild, dem Bild wie andere uns sehen, sehr wenig gemein. Das ist, wie wenn du das erste Mal deine Stimme auf einem Tonband hörst. Die meisten Menschen sind davon entsetzt. Nur bedenke, deine Mitmenschen hören deine Stimme genauso Tag für Tag.
Im Grunde haben wir nicht die leiseste Ahnung von dem, was wir tun. Nach der Videoanalyse ändern die Teilnehmer in meinen Seminaren in kürzester Zeit und mit Freude ihre Art zu gehen. Der Grund ist, dass sie selber entscheiden können, welche Art von Bewegungsmuster für sie ganz individuell besser und leichter ist. Alle fühlen sich mit dem neuen Gang aufrechter, größer, selbstbewusster und glücklicher als vor dem Seminar. Noch niemals wollte jemand wieder zurück in seinen alten Gang! Alte Gewohnheiten ändert man leicht und gerne, wenn neue eine verbesserte Lebensqualität mit sich bringen!

Wärst du zum Beispiel in Australien geboren, würdest du jetzt anders denken, sprechen, essen, dich bewegen und leben. Deine Gewohnheiten hängen von deinen Vorbildern und der Umwelt, in der du lebst, ab. Wir sollten unsere Gewohnheiten also nicht so persönlich nehmen. Schließlich haben wir eher selten an deren Entstehung bewusst mitgewirkt.
Es passiert immer wieder, dass Mutter und Tochter oder ein Vater mit seinem Sohn gemeinsam zum Laufseminar kommen. Das freut mich immer sehr, weil es unglaublich interessant ist, die Bewegungen der beiden zu beobachten. Hätten sie die gleiche Kleidung an, würde man sie in der Videoanalyse glatt verwechseln. Sie haben meist eine ähnliche Haltung und der Gang ist oft sogar identisch. Ihre Mimik gleicht sich, wie ihre Art zu sprechen. Daraus könnte man folgern, dass die Tochter alles von ihrer Mutter genetisch geerbt hat. Aber stimmt

Neue Gewohnheiten

das wirklich? Nein, sondern alle Kinder beobachten die Bewegungen der Eltern ganz genau. Sie versuchen nachzuahmen und lernen nach diesem Vorbild ihr Verhalten und ihre Bewegungen. Sogar die Atmung einer Tochter gleicht jener ihrer Mutter. Wir kopieren alles so gut wir können, erst von unseren Eltern und dann von anderen Erziehern oder Mitmenschen, die für uns attraktiv sind. Auch die Lebensgeschichten von Mutter und Tochter können sich genauso wiederholen, auch wenn die Tochter scheinbar ihre eigenen Entscheidungen trifft. Unbewusst bleibt es beim Gewohnten.

„Gut, ich bin einfach so und daran kann ich jetzt nichts ändern", denkst du vielleicht. Du kannst nicht nur in deinem Leben etwas verändern, sondern du solltest daran etwas verändern. Neue Gewohnheiten befreien und bereichern, verhindern Überlastungen und bringen dir eine andere Lebensqualität. In welcher Form die Wiederholung unserer täglichen Gewohnheiten von Atmen, Trinken, Essen, Denken und Bewegen passiert, beeinflusst unser Leben und unsere Gesundheit grundlegend.

Übung zum Verständnis: Arme verschränken

Schließe deine Augen und verschränke deine Arme vor der Brust, wie du das immer tust. Mache nun die Augen auf und schau, welcher Arm oben liegt. Es kann nur einer sein, merk ihn dir.

Schließe nochmals die Augen und lege die Hände kurz in deinen Schoß. Jetzt verschränke die Arme nochmals. Lass die Augen geschlossen und wechsle die Arme so, dass nun der andere Arm oben liegt. Kannst du das überhaupt? Meist wird da schon heftig herumgewurschtelt. Wenn du es geschafft hast, wie fühlt sich das an?

Ungewohnt wahrscheinlich, manche Leute meinen sogar, das sei falsch.

Irgendwann, als kleines Kind, hast du das erste Mal deine Arme verschränkt, so wie es deine Mama oder dein Papa getan haben. Jedes darauf folgende Mal, als du sie verschränkt hast, war das gleich. Die Gewohnheit, deine Arme auf diese Art zu verschränken und nicht andersherum, steckt nicht in deinen Genen. Du hast es ganz allein geschafft, sie dir durch viel Übung einzuprägen. Wie alle anderen Gewohnheiten, fühlt es sich so ganz normal für dich an, und es gibt für dich keinen Grund, es anders zu machen. Außer wenn ein Körperteil schon schmerzt, kommen Menschen selbst selten auf die Idee, dass es auch andere Möglichkeiten von Bewegungen gibt.

Dieses Beispiel gilt grundsätzlich für alles, was wir erlernt haben. Das sind vielleicht nur harmlose Beispiele, die nicht viel Schaden anrichten können. Wenn diese angelernten und meist auch schlechten Gewohnheiten aber das Gehen und Laufen betreffen, sollten wir alle Möglichkeiten ausschöpfen, um es so ökonomisch wie möglich auszuführen: Erstens weil Ökonomie sich leicht anfühlt und Leichtigkeit uns glücklich macht. Zweitens weil eine schonende Technik unseren Körper nicht einseitig belastet. Damit könnten den meisten Menschen Gelenkschäden und künstliche Knie- oder Hüftgelenke erspart bleiben. Neues zu entdecken macht Spaß, dafür geben wir doch gerne ein paar alte Gewohnheiten auf.

Reale Illusion

Wir haben uns daran gewöhnt, die Welt aus einem eingeschränkten Blickwinkel zu betrachten, den wir als die reale Welt empfinden. Die absolute objektive Realität ist jedoch nur eine Illusion, denn für jeden von uns existiert immer nur die eigene subjektive Wirklichkeit.

Das, was wir persönlich sehen, riechen, schmecken und fühlen, gilt immer nur individuell für uns. Keinem anderen Menschen ist es möglich, absolut dasselbe wahrzunehmen wie wir.

Das folgende Beispiel zeigt unterschiedliche Realitäten von zwei Kollegen:
Robert und Paul unterhalten sich nach einem gemeinsamen Spaziergang im Wald. Sie erzählen einander, was sie sahen, hörten, rochen und fühlten, während sie unterwegs waren. Beide waren zur selben Zeit am selben Ort, aber sie hatten völlig unterschiedliche Wahrnehmungen von dem Erlebten. Robert spürte vielleicht die spitzen Steine durch seine Schuhe, weil die Sohle dünn war. Paul musste auf jeden Schritt achten, um sein verletztes Knie zu schonen. Robert hörte unterschiedliche Vögel singen, die für Paul gar nicht da waren. Paul fröstelte im Schatten der Bäume, während Robert sich durch die großen Bäume um sich herum lebendig und kräftig fühlte. Sie sahen beide einen Hasen und Robert erinnerte sich an das letzte schöne Osterfest mit seiner Familie. Wobei Paul bei diesem Anblick doch eher an einen leckeren Hasenbraten dachte.

Neue Gewohnheiten

Du kreierst deine ganz individuelle Realität für dich in jeder Sekunde deines Lebens! BioRunning schult deine Wahrnehmung. Laufen kann immens verschönert werden, wenn wir Wahrnehmungen auf anderen Ebenen entwickeln.

- *Machst du Musik und fühlst den Rhythmus, läufst du rhythmischer.*
- *Malst du eine Landschaft, siehst du beim Laufen die Welt in anderen Farben.*
- *Entwickelst du deinen Geruchssinn, dringen dir Gerüche in die Nase, die du vorher nicht bemerkt hast.*
- *Arbeitest du im Garten, verbindest du dich beim Laufen enger mit der Natur.*
- *Spürst du wie deine Hüftgelenke und Schultern sich bewegen, läufst du geschmeidiger.*
- *Gehst du barfuß über unterschiedliche Böden, läufst du kraftvoller.*
- *Durch Gesangsunterricht vergrößert sich dein Lungenvolumen und das verbessert deine Atmung, du bekommst mehr Luft.*

Die Möglichkeiten, Einzelheiten in unserem Leben anders wahrzunehmen, um das Laufen zu bereichern, sind endlos.
Wie eingeschränkt muss doch ein Läuferleben sein, wenn man sich nur auf eine Uhr mit ein paar Zahlen konzentriert!

Natürliche Gewohnheit: Laufen

Laufen ist nicht gleich laufen. Wenn du jemals das Vergnügen hattest, einen kenianischen Wunderläufer laufend in natura zu sehen, weißt du, was ich damit meine. Bei der Beobachtung vieler Hobbyläufer muss man doch ernsthaft fragen, was sie ihrem Körper damit antun. Es stimmt, dass sich alle Zweibeiner irgendwie vorwärtsschleppen können, aber ich würde das nicht immer als Laufen bezeichnen. Wenn ein Kind die ersten Laute von sich gibt, kann man doch auch nicht behaupten, dass es spricht.
Jeder, der läuft, kann das besser, leichter und anmutiger machen, wenn er sich bewusster mit seinem Körper und seinen Gedanken auseinandersetzt. Brich aus deinem Alltagstrott aus, indem du deine Runden Tag für Tag drehst. Du bist kein Hamster im Tretrad!

Aus meiner Sicht ist das Problem für viele Menschen, die schon einige Zeit lau-

fen, dass sie halbwegs damit zufrieden sind, wie sie laufen. Sie spüren nichts und haben danach wenig oder noch keine Schmerzen. Das reicht ihnen und sie haben sich damit abgefunden, dass sie in ihrem Laufstil keine Verbesserung mehr erzielen werden.

Neue Gewohnheiten

TEST Stehe auf

Setze dich ganz vorne auf die Kante eines Stuhls und stehe einfach auf. Setz dich wieder hin. Jetzt stehe bitte noch mal auf, diesmal aber ganz langsam. Wie viel Kraft brauchst du, um aufzustehen? Spürst du das in den Oberschenkeln?

Setze dich wieder und versetze deine Füße zehn Zentimeter weiter nach hinten, also weiter unter deinen Stuhl. Stehe jetzt auf und beobachte dabei, ob du weniger Kraft brauchst als vorher. Bestimmt ist es so.

Du kannst auch noch versuchen, die Füße viel weiter nach vorne zu stellen, bevor du aufstehst. Ist das anstrengender?
Probiere auch andere Positionen der Füße aus. Welche Fußstellung für das Aufstehen braucht am wenigsten Kraft aus deiner Sicht? Lass dir dabei Zeit und spüre genau die Wirkung der verschiedenen Positionen.

Diese Demonstration zeigt dir, wie die Schwerkraft auf uns wirkt. Wir können sie nutzen, indem wir die Füße näher unter unseren Schwerpunkt stellen, oder wir können dagegen kämpfen, wenn der Kniewinkel vergrößert wird. Es ist mir ein Rätsel, warum der Großteil der Menschen bei fast allen Bewegungen immer die schwerste Variante nimmt und diese ein Leben lang beibehält. Ein Mehr an Anstrengung wird von unserem Körper nicht belohnt. Im Gegenteil: leichter ist immer auch schonender.

Laufen oder Geh-Hüpfen?

Was in den letzten Jahren sichtbar und bewusster wird ist, dass wir erwachsene Menschen das Laufen in der Zeit unseres sitzenden Lebens verlernt haben. Unsere Kultur ist nicht mehr auf das alltägliche Laufen ausgerichtet. Laufen wird auf eine „Sportart" reduziert. Heutzutage benützen wir lieber Geräte, um uns vorwärtszubewegen – Fahrrad, Moped, Ski, Skates, Auto und vieles mehr.
Der Meinung, dass doch jeder Mensch von Natur aus laufen kann, schließe ich mich nach meinen Beobachtungen und der Seminararbeit in den letzten 20 Jahren nicht mehr an. Diese Aussage sollte auch von anderen Experten nur sehr vorsichtig in den Mund genommen werden.

Jedes Kind läuft richtig. Laufen ist das Erste, was wir auf unseren zwei kleinen Beinchen machen, und es gibt kaum Unterschiede zwischen dem Laufen von Kleinkindern aus unterschiedlichen Kulturen. Das bedeutet für alle gesunden Menschen, die Grundvoraussetzung für das effiziente Laufen haben wir ursprünglich von der Natur als Geschenk mitbekommen. Deswegen ist es auch kein Wunder, dass sich nur wenige Menschen darüber Gedanken machen, wie sie laufen.

Erst ab unserem zehnten Lebensjahr etwa können Bewegungsabläufe effizient koordiniert werden. Wenn wir es geschafft haben, bis dahin laufend zu bleiben, haben wir einen großen Vorsprung. Die Möglichkeit, ökonomischer und schneller laufen zu lernen, unsere Bewegungseffizienz zu steigern, ist nun gegeben. Nach längerer Laufabstinenz wird man zum Geher. Jahrelang wird das langsame Gehen eingeübt, ohne jegliches Bewusstsein dafür, und das Laufen wird regelrecht eingestellt.

Unter diesen Umständen ist effizientes Laufen auf Anhieb für die meisten Menschen nicht mehr möglich.
Was dir auf der Straße entgegenkommt, ist das Resultat. Nein, das ist kein Läufer mehr, das ist ein Geher mit Flugphase, also mit einem Aufwärtssprung.

Die meisten Läufer sind also gar keine Läufer mehr, sie sind Geh-Hüpfer, getarnt als Läufer. Geh-Hüpfer bremsen einen Großteil der Vorwärtsbewegung ab, verschwenden die Energie in einen unnötigen vertikalen Sprung und belasten dabei nicht nur Ferse, Oberschenkel und Knie, sondern auch Hüfte und Wirbelsäule. Der gesamte Bewegungsapparat wird dadurch unnötig überlastet und es können auf Dauer Schäden entstehen. Wenn wir hören, dass Laufen für die Gelenke schädlich ist, dann haben wir das falsch verstanden. Nur Geh-Hüpfen schadet unserem Bewegungsapparat!
Das Problem dabei ist, dass wir Erwachsene, im Gegensatz zu Kindern, die natürliche Schwerkraft nicht mehr nützen, sondern wir versuchen sie mit Muskelkraft zu überwinden und zu bezwingen.

Keine Muskelkraft kann auf Dauer so stark sein wie die Schwerkraft!

Gründe genug, um uns zu verbessern und zu lernen, bewusst, effizient unsere körperlichen Fähigkeiten im Einklang mit den physikalischen Gesetzen der Natur einzusetzen.

Die ersten neuen Laufschritte

Die nächsten Übungen zeigen das Grundprinzip der BioRunning-Lauftechnik. Es ist notwendig, dass du deine Füße gut spüren kannst, also Schuhe ausziehen und barfuß üben. Auch wenn du schon ein erfahrener Läufer bist, helfen dir diese Übungen, dein Gefühl zu verfeinern.

SCHRITT 1: Das Heben und Aufsetzen der Füße
Stelle dich bitte barfuß vor einen Spiegel. Gehe auf der Stelle, indem du die Füße abwechselnd nach oben hebst. Die Füße sollten nur ein paar Zentimeter vom Boden weggehoben werden.

Neue Gewohnheiten

SCHRITT 2: Winkle die Arme an
Jetzt hebe die Füße schneller, bis du nicht mehr gehst, sondern auf dem Platz zu laufen beginnst. Winkle die Arme an und konzentriere dich auf die schnellen Schritte. Achte darauf, dass die Fußsohlen flach auf dem Boden aufsetzen und versuche, so wenig wie möglich auf und ab zu springen.

SCHRITT 3: Der neue Lauf-Rhythmus
Mache dir zum Laufen Musik, das bringt nicht nur gute Laune, sondern auch den notwendigen Rhythmus. Du brauchst bei jedem Kontakt, den die Füße mit dem Boden haben, einen Taktschlag. Dieser Takt sollte immer gleich bleiben. Wenn du „Rock around the clock" von Bill Haley and the Commets singst, hörst du genau den Laufrhythmus, den du brauchst.
Sobald deine Füße den Boden berühren, solltest du schon aktiv daran denken, sie wieder vom Boden wegzuheben, so als würdest du auf heißen Kohlen laufen.
Auch „Mumbo number 5" von Lou Vega hat genau den gleichen Laufrhythmus. Beide Songs haben 180 Schläge pro Minute oder drei Schritte pro Sekunde.
Es ist sehr sinnvoll, dir den richtigen Rhythmus zu dieser Musik beim Laufen einzuprägen. Die schnellen Schritte sind außergewöhnlich klein, es sind keine Geh-Hüpfer Schritte, sondern Läuferschritte.
Übrigens beträgt die Schrittfrequenz eines Geh-Hüpfers ca. 130 Schritte pro Minute. Also viel zu langsam und die Schritte sind dabei viel zu groß.

SCHRITT 4: Die Schwerkraft als treibende Laufkraft
Sobald du das Gefühl für die ungewöhnlich schnellen Schritte hast, verlagere deinen Oberkörper ein wenig nach hinten und dann wieder nach vorn. Zentimeterweise laufen die Füße hinter dir her. Drehe dich jetzt seitlich und beobachte dein Laufen im Profil. Du solltest sehen, dass dein Laufen nur durch die Verlagerung des Körpergewichtes passiert. Mache immer wieder die Augen zu, um besser zu fühlen, wie du rückwärts- oder vorwärtsläufst.

SCHRITT 5: Ferse und Ballen zugleich
Achte darauf, dass der Fuß flach auf dem Boden aufsetzt.
Viele machen den Fehler, dass sie im Stand nur auf den Zehenspitzen laufen. Wichtig ist, dass auch die Fersen den Boden berühren. Der Schwerpunkt senkt sich dadurch ein wenig. Du solltest gar nicht spüren können, ob zuerst der Ballen oder die Ferse Bodenkontakt hat.

Diese Laufschritte solltest du täglich vor dem Spiegel barfuß wiederholen. Lerne zu trippeln und zu trappeln. Du kannst nach einer kleinen Pause die Übungen wiederholen, wenn du Lust dazu hast. Vergewissere dich dabei, dass nicht die Füße dich vorwärtsbewegen. Du läufst nur durch das Verlagern des Schwerpunktes.

Der Fersentest

Den Fersentest kannst du am besten spüren, wenn du die Übung auf einem harten Holz- oder Fliesenboden ausführst.

Versuche ohne Schuhe bewusst zu laufen und zuerst auf den Fersen aufzukommen. Du solltest spüren, dass der Schwerpunkt sich dabei sofort nach hinten verlagert und dass du anfängst „zu sitzen".

Jetzt verstehst du, warum du den Fersentest ohne Schuhe gemacht hast. Am beeindruckendsten ist der Aufprall zu spüren, wenn es keine Hightech zwischen Fußsohle und Boden gibt. Denn die Ferse hat von Natur aus keine Dämpfung. Es ist enorm wichtig, dass deine Fußsohlen einen klaren und direkten Kontakt mit dem Boden haben. Die Füße geben dem Gehirn ständig Feedback, wie feine Unterschiede im Boden ausgeglichen werden können, und sie aktivieren indirekt alle Körperteile mitzuhelfen. Diese wichtige Funktion der Balance wird umso mehr ausgeschaltet, je weicher und dicker die Dämpfung zwischen Fuß und Boden ist.

Außerdem haben dicke Sohlen mehr Gewicht, was wiederum das Laufen anstrengender macht. Schwere Schuhe wirken wie Hanteln an den Füßen. Das bringt auf vielen Kilometern Woche für Woche enormes Übergewicht mit sich und belastet die Gelenke unnötig.

Für einen natürlichen Laufschritt sollten die Füße möglichst flach den Boden berühren können.

Neue Gewohnheiten

Hightech im Laufschuh – brauchen wir das wirklich?

*Ich weinte, weil ich keine Schuhe hatte,
bis ich einem Mann begegnete, der keine Füße hatte.*
PERSISCHES SPRICHWORT

In den meisten Laufbüchern liest man, dass das Wichtigste beim Laufen der Laufschuh ist. Es wird behauptet, dass du nur dann richtig laufen kannst, wenn die Füße in Hightech-Monstern stecken. Diese sollten natürlich fachmännisch genau an deinen Fuß angepasst werden. Vielleicht glaubst du das auch.

Meine langjährige Erfahrung im Bereich des Laufens und der Bewegungsanalyse hat mir etwas ganz anderes gezeigt: Die meisten Laufschuhe oder besser gesagt die Schuhe, die als Laufschuhe verkauft werden, lassen uns keine Chance, das Laufen so natürlich und leicht wie möglich zu gestalten. Diese Schuhe sind Produkte der Schuhindustrie, und deren Entwickler sind meist keine Bewegungstherapeuten. Es wird lediglich berechnet, wie viel hunderte von Kilos die Gelenke auf einer bestimmten Kilometeranzahl aushalten müssen, und das reicht schon, um selbst erfahrene Läufer von einem Kauf zu überzeugen.

Wenn du läufst, sind es nicht die Schuhe, die diese scheinbare Belastung von dir fernhalten können. Die Dämpfung bist nur du selbst. Das Zusammenspiel von Fuß, Bein, Becken, Wirbelkette, Schultern, Armen und Kopf reagiert auf jeden Kontakt, den die Füße mit dem Boden herstellen. Je besser sich die Belastung über den ganzen Körper verteilen kann, umso schonender ist das Laufen.

Ich bin in Neuseeland aufgewachsen und wir mussten in der Schule Uniform tragen. Dazu gehörten auch die passenden Schuhe. Das waren keine gedämpften, speziellen Schuhe, sondern flache Ledersandalen, ähnlich jenen der alten Griechen in Olympia. Die Sohle, gerade und flach von vorne bis hinten, war nicht einmal einen Zentimeter dick. Diese Sandalen waren ziemlich hart und nur mit Lederriemen am Fuß befestigt. Das waren meine ersten Laufschuhe, auf die ich sehr stolz war! Unvorstellbar für die heutigen Mitteleuropäer. Nein, das ist auch nicht hundert Jahre her, ich bin erst 38 Jahre alt, und das war 1985. Damit sind wir einige Kilometer täglich zur Schule gelaufen, noch dazu auf Asphalt.

> *Wir haben Sport barfuß oder in diesen Sandalen betrieben. Verletzt hat sich dabei kaum jemand.*

Während meines Studiums jobbte ich in den Ferien immer in einer Schuhfabrik, die damals noch in Neuseeland war. Ich war sehr interessiert daran, wie Laufschuhe zusammengesetzt, welche Materialien dabei verwendet wurden und wie das Obermaterial mit der Sohle verschmolz. Damals gab es nur eine ganz flache EVA-Zwischensohle, die mit einer dünnen Gummisohle verklebt wurde. Nicht nur die Wunderläufer Neuseelands sind in diesen Schuhen gelaufen. Alle Läufer dieser Welt hatten diese Sohle an den Füßen, einfach weil es keine andere gab. Diese Laufschuhe fühlten sich an, als hätte man keine Schuhe an. Man ist wie barfuß darin gelaufen.

Als aus Korea die ersten luftgepolsterten Sohlen kamen und wir sie verklebt aus der Fabrik weiterschickten, hatten die anderen Hersteller Handlungsbedarf. Es gab damals noch kaum andere Dämpfungssysteme und in allen Ländern wurde plötzlich fieberhaft daran gearbeitet. Der Konkurrenzdruck wuchs. Ich erinnere mich noch sehr gut an die vielen Zeitungsartikel, in denen Physiotherapeuten und Ärzte Läufer vor diesen neuen Laufschuhen warnten. In puncto Verletzungsrisiken wurden sie als höchst gefährlich eingestuft! Für die Hersteller führten diese Marketing-Strategien zu einem richtigen Überlebenskampf. Bald entwickelten andere Firmen ihre Antwort auf die Luftpolster. Gel, Cell usw. waren geboren. Durch den großen Platz, den diese Dämpfungs-Elemente brauchten, mussten sich die Laufschuhe von Grund auf ändern. Sie bekamen höhere Absätze, erst dadurch konnten Läufer ihren Fuß plötzlich mit der Ferse aufsetzen. Zwangsläufig mussten die Füße abrollen. Das gab es vorher nicht, weil der Fersenaufprall in den alten, flachen Schuhen einfach schmerzte. Der höhere Absatz brachte mit sich, dass die Füße nicht mehr stabil waren. Durch die Erhöhung im

Hightech im Laufschuh – brauchen wir das wirklich?

Fersenbereich kippten die Füße nach innen und nach außen weg. Was nun tun? Plastik und Kunststoffstücke, so genannte Footbridges, wurden eingesetzt, um gegen dieses Problem anzukämpfen. Leider bekamen die Schuhe dadurch mehr Gewicht und wurden noch steifer.

Der Markt hat sich dadurch aber extrem erweitert. Jetzt gibt es Schuhe für verschiedene Fußtypen. Man kann nicht mehr wie früher einfach einen Laufschuh kaufen. Heute muss man zuerst einen Test machen, damit der Verkäufer weiß, um welchen Typ es sich handelt.
Diese vermeintliche Wichtigkeit der Dämpfungs-Elemente hat sich so weit in den Köpfen der Menschen festgesetzt, dass nun jeder Angst hat, sich zu verletzen, wenn er einfache, flache Schuhe trägt.
Das ist am deutlichsten sichtbar, wenn ein Laie das erste Mal einen Laufschuh im Geschäft ausprobiert.
Fast jeder Mensch macht als erste Bewegung den Fersen-Dämpfungs-Test. Das ist der Test, bei dem der Käufer bestätigt haben möchte, dass er wohl ganz sicher seine Fersen nicht mehr spüren kann, wenn er damit in den Asphalt hämmert.

> *Er macht also eine Bewegung, die er barfuß oder mit flachen Schuhen niemals machen würde.*

Hightech im Laufschuh – brauchen wir das wirklich?

Viel Dämpfung verkauft sich gut und gratis inkludiert in den Schuh ist auch ein schlechter Laufstil. Im Kombi-Sonderangebot sozusagen. Man kann damit nämlich nicht mehr anders, als mit den Fersen aufzusetzen, auch wenn man wollte.

Inzwischen ergaben Tests in den USA, dass Läuferverletzungen mit dem Preis der Laufschuhe zunahmen. Immer mehr Sportmediziner und Orthopäden bestätigten diese Tests.

Wieso? Du ahnst es schon: Du kannst deine Füße nicht mehr so wie vorgesehen bewegen. **Die Füße von barfüßigen Läufern spannen sich an, dehnen und spreizen sich und passen sich dabei an den Boden an.** Das wiederum bringt eine geringere und bessere Druckverteilung. Wenn die Füße aber ihrer Freiheit beraubt werden, weil die Schuhe ihnen die Bewegung verbieten, werden alle Belastungen in die Knie, die Hüften oder in die Wirbelsäule weitergeleitet.

Da nun auch Wissenschaftler dies bestätigen, verändert sich der Laufschuh-Markt wieder. Plötzlich heißt der Trend: *„Freiheit für die Füße!"* Laufen wie barfuß ist modern und die Sohlen werden langsam wieder flacher.

Viele Hersteller haben das Manko erkannt und steuern nun entgegen. Ja, die Erde ist doch keine Scheibe!

Diese Entwicklung freut mich sehr, denn schon vor 15 Jahren, lange vor dem großen Laufboom in Mitteleuropa, lernten die Teilnehmer in meinen Laufseminaren barfuß zu laufen. Wenn du nämlich natürlich laufen kannst, ist der Schuh gar nicht mehr so wichtig. Es reicht eine flache, dünnere Sohle als Schutz für die Haut. Die Wissenschaft läuft in dem Fall der Natur hinterher.

Immer mehr Laufzeitschriften schreiben darüber, wie wichtig es ist, wieder barfuß zu laufen.

Das hatten wir schon vor 20 Jahren – und den Läufern hat der Ausflug in die Hightech-Welt der Laufschuhe auf alle Fälle mehr geschadet als genützt!

Dr. Gerhard Hauptman, irischer Trainingswissenschaftler und Berater für die neue Entwicklung der Laufschuhe, formuliert es so:

> *„Nur 2–3% der Bevölkerung haben wirklich biomechanische Probleme. Mit diesen Hightech-Schuhen schaffen wir eigentlich nur neue Beschwerden. Dadurch, dass wir etwas behandeln, was nicht wirklich existiert."*

Hightech im Laufschuh – brauchen wir das wirklich?

Gesunde Füße sollen nicht vorbeugend in eine fixe Position gezwungen werden. Nach Tests mit Läufern aller Leistungskategorien fanden Experten heraus:

> *Bewegung ist ein sehr individuelles Phänomen, auf das Schuhe und Einlagen viel weniger Einfluss haben als angenommen.*

Viele Leute fragen mich nach meiner Meinung zu den verschiedensten Problemen, wie eingeschlafene Füße, Schmerzen unter den Ballen, Achillessehnen-Entzündung oder Schmerzen im Fußgewölbe. Ich habe mit allen dieselben Übungen gemacht. Schuhe ausziehen und mit kleinen, schnellen Schritten barfuß herumtraben. Die Schmerzen waren bei allen wie weggeblasen, so lange sie ohne Schuhe gelaufen sind. Die Antwort auf die Frage, in welchen Schuhen sie denn laufen sollten, war dann auch klar: in denen, die keine Schmerzen verursachen. Schuhe, die das Barfuß-Gefühl vermitteln, waren für alle die besten. Wir wollen zurück zur Natur. Lerne zuerst wieder natürlich zu laufen. Fange damit ohne Schuhe an, der Laufschuh spielt eine untergeordnete Rolle. Er muss das Barfuß-Laufen unterstützen und darf deine Füße auf keinen Fall einschränken.

Suche dir Laufschuhe, die nur eine einfache EVA-Zwischensohle haben. Sie sollten möglichst flach, leicht und flexibel sein. Das ist vollkommen ausreichend, um dem Fuß im Gelände und auf Asphalt eine angenehme Polsterung zu geben.

Zeit für die Füße

Hast du solche oder ähnliche Schuhe gefunden, gewöhne dich minutenweise daran, damit zu laufen. Deine Muskulatur wird sich langsam anpassen und daran gewöhnen. Das langfristige Tragen von dämpfenden Absätzen hat deine Wadenmuskulatur verkürzt. Durch die flachen Schuhe wird die Muskulatur wieder gedehnt, was wahrscheinlich zu einem leichten Muskelkater führt. Freue dich drüber und sieh es positiv. Du bist auf dem besten Wege, ein „Native Runner" zu werden. Die Umstellung kann vielleicht sogar ein bis zwei Wochen dauern, lass dir Zeit dafür und übertreibe nicht! Du kennst das vielleicht, wenn du ungewohnte Bewegungen, wie die erste Gartenarbeit im Frühling oder das erste Schneeschaufeln im Winter, gemacht hast. Dein Körper passt sich mit der Zeit an die Veränderungen an und der Muskelkater verschwindet.

Hightech im Laufschuh – brauchen wir das wirklich?

Auf jeden Fall solltest du trotzdem weiter in der Wohnung oder im Garten langsam und barfuß mit kleinen Schritten laufen.

Achte immer darauf, dass deine Füße dabei flach aufsetzen. Wie schon gesagt, du solltest nicht spüren können, ob zuerst der Fußballen oder die Ferse den Boden berührt.

Wenn du erst draußen läufst und unter Beobachtung von anderen Menschen stehst, bist du in Gefahr. Dein Stolz treibt dich vielleicht an, mehr zu machen als du solltest, um den anderen zu zeigen, was du draufhast.

Mach das bitte nicht! Wir veranstalten keinen Wettbewerb. Konzentriere dich nur auf die wiederholten kleinen Schritte, so lange, bis der „Rock around the clock"-Rhythmus in dir gespeichert ist. Wir wollen, dass deine Füße und die Unterschenkelmuskulatur Zeit bekommen, um sich an die neue Belastung zu gewöhnen.

Wir tendieren alle zur Übertreibung – und weil das so ist, hör du früher auf und geh nach Hause!

Die Nasenatmung

Es ist nicht genug zu wissen,
man muss es auch anwenden;
es ist nicht genug zu wollen,
man muss es auch tun.
J.W. VON GOETHE

Atmen ist Leben

- *Wie lange kann der Mensch ohne Nahrung überleben?*
- *Wie lange kommt er ohne Flüssigkeit aus?*
- *Wie lange kann er die Luft anhalten?*

Diese Fragen sind eindeutig zu beantworten und nach ihrer Wertigkeit zu reihen. Es ist daher keine große Überraschung, wie wichtig Atmung für uns ist. Ohne zu atmen können wir nicht mehr als ein paar Minuten überleben. Ohne Flüssigkeit eine Woche vielleicht bis zu zehn Tagen und ohne Nahrung mehr

als einen Monat. Daher sollten wir unserem Körper zuerst immer das geben, was er am notwendigsten braucht: erstens Luft, zweitens Flüssigkeit und als letztes Nahrung.

Jeder Atemzug schenkt uns Leben und der Schlüssel zu einer höheren Lebensqualität liegt daher auch in der Qualität der Atmung. Nirgendwo sind körperliche, geistige und seelische Prozesse so eng miteinander verknüpft wie beim bewussten Atmen. Ständig tauschen wir Sauerstoff, Stickstoff, andere Gase und Kohlendioxid durch unsere Lungen aus.

> **Pneuma,** das griechische Wort für Atem, bedeutet gleichzeitig Geist. Es ist daher schlüssig, dass die Griechen den wichtigsten Atemmuskel, das Zwerchfell, als den Sitz der Seele bezeichnen.
>
> In China atmet man die Lebensenergie **Qi (Chi)** ein. Der Fluss des Atmens und der Fluss des Qi sind untrennbar miteinander verflochten.
>
> **Prana,** der indische Begriff für jede Kraft und jede Energie, die im Universum tätig ist, ist besonders reichhaltig in der Atemluft vorhanden. Diese Energie fließt im gesamten Universum und verbindet uns mit allem.

Mit jedem Atemzug ernähren wir unsere Zellen. Den Sauerstoff produziert der Baum vor deinem Haus für dich. Der wiederum lebt vom Kohlendioxid, das du ausatmest. Ein perfekter Kreislauf.
Die Luft, die du atmest, ist die gleiche Luft, die ich atme, dein Freund atmet oder auch dein Feind. Auch Teile der Luft, die andere Menschen ausatmen, atmest du wieder ein. Nach jedem Atemzug hast du Billionen von Atomen in deinem Körper, die vorher in deinem Nachbarn waren oder auch vielleicht in seinem Hund.

Atemluft ist also nicht nur Sauerstoff, sondern auch Energie, die wir aufnehmen. Positive Gefühle wie Liebe, Dankbarkeit und Freude strömen mit unserem Atem ein und stärken unser Immunsystem. Negative Gefühle wie Angst, Neid oder sogar Hass sind giftige Energien in unserem Körper, die unser Immunsystem angreifen.
Diese Moleküle in Form von Energien empfinden wir in unserer Realität. Wenn wir ein Haus betreten, das von liebevollen Menschen eingerichtet wurde, fühlen wir uns wohl und geborgen. Wir haben diese Wärme und Liebe eingeatmet

Nasen-atmung

und gerochen. Genauso gibt es auch Menschen, die wir lieber meiden. Vielleicht hat es auch mit der Luft zu tun, die wir von ihnen einatmen müssen, wenn sie uns nahe sind.

Wenn wir diese Tatsachen akzeptieren, können wir diese enorme Kraft nutzen. Schöne glückliche Gedanken, Respekt für unsere Mitmenschen, die Natur und die Umwelt können genauso ansteckend sein wie ein gefährliches Virus.
In der modernen westlichen Welt wird Atmung leider hauptsächlich auf die Aufnahme von Sauerstoff und die Ausscheidung von Kohlendioxid reduziert. Denn das sind messbare Parameter.
Wissenschaftler haben die Wirkung von Sauerstoff auf die Zellen untersucht und Folgendes herausgefunden: Wenn normalen, gesunden Zellen die verfügbare Sauerstoffmenge gekürzt wird, verwandeln sie sich in kranke Zellen.

Ausnahmslos sind alle Körperfunktionen direkt oder indirekt von Sauerstoff abhängig. Wenn wir den Sauerstoffgehalt in unseren Zellen erhöhen, verbessern sich all unsere körperlichen Funktionen. Die einfachste Möglichkeit, das zu tun, ist eine tiefe, bewusste Atmung. Beim Gehen und Laufen sind wir gezwungen, tiefer zu atmen. Deshalb wird auch schon ein längerer Spaziergang als lebensverlängernd angesehen.

Wir Menschen haben drei Möglichkeiten zu atmen: durch die Nase, durch den Mund und über die Haut.

Ein Blick in die Natur

Wir kommen als Nasenatmer auf die Welt. Auch die Wissenschaft erkennt uns als „obligatorische Nasenatmer" an. Babys besitzen anfänglich nicht einmal die Fähigkeit durch den Mund zu atmen. Das wird erst durch Stress erlernt. Wenn die Nase aufgrund eines Schnupfens verlegt ist, erstickt das Baby fast, was den Weinreflex auslöst. In lebensbedrohlichem Zustand spürt jedes Baby, dass es auch möglich ist, durch den Mund zu atmen. Ist die Nase wieder frei, die Gefahr also vorbei, schließt es den Mund und atmet wieder nur durch die Nase.

Beobachtet man Tiere, erkennt man, dass sie nur durch die Nase atmen, auch

dann, wenn sie sehr schnell rennen. Für sie ist die Nase zum Atmen und Riechen da. Schließlich hängt ihr Leben davon ab. Der Mund dient nur zum Fressen und Kommunizieren. Nur unter extremen Bedingungen, wie Überlebensangst oder Überhitzung, reißen auch Tiere das Maul auf, um genug Luft zu bekommen. Ist die Gefahr gebannt, steigen sie sofort auf Nasenatmung um. Mundatmung ist immer und ausschließlich eine Notatmung und bedeutet Stress für den Körper. Menschen schalten grundsätzlich viel zu schnell von Nasenatmung auf Mundatmung um. Schon beim Stiegensteigen geht es für viele ans Eingemachte und sie schnaufen mit dem Mund. Jeder kann aber und sollte auch die Nasenatmung so weit trainieren, dass die Luft für unseren alltäglichen Dauerbetrieb ausreicht. Es macht einen enormen gesundheitlichen Unterschied für jeden Menschen, ob er durch den Mund oder die Nase atmet.

Die Luft, die wir atmen, schenkt uns nicht nur Lebenskraft, sie verbindet unsere Seele direkt mit unserer Umwelt. Das funktioniert allerdings nur, wenn wir durch die Nase atmen.

Teste selbst:

Gehe raus in die frische Luft, schließe die Augen und atme eine Minute lang durch den Mund tief und langsam ein und aus. Spüre, wie sich das anfühlt. Du spürst nichts? Kein Wunder! Dir wird höchstens schwindelig dabei.

Probiere das Gleiche dann durch die Nase. Atme mit geschlossenen Augen tief und langsam bewusst ein und wieder aus. Spürst du, wie die frische Luft dir gut tut? Meide dabei aber unbedingt die Straße, da riechst du nämlich nur die Abgase von Autos und den Zigarettenrauch von vorbeigehenden Passanten.

Durch den Mund ist es unmöglich zu riechen. Aber im Gegensatz dazu schmecken wir auch mit der Nase. Sind wir verkühlt und die Nase ist verstopft, können wir den Geschmack von Speisen nicht mehr erkennen. Unser intelligenter Körper möchte sich regenerieren, deshalb haben wir automatisch weniger Appetit, wenn wir krank sind.

Nasen-atmung

Die perfekte Nase

Unsere Nase, das perfekte Riechorgan, präpariert unsere Atemluft während wir einatmen. Sie filtert mit ihren Flimmerhärchen Schmutzpartikelchen aus der Luft und befeuchtet ihre Innenseite mit Nasenschleim. Diese geniale Nase erwärmt täglich an die 10.000 Liter Atem auf körpergerechte 34 Grad. Das alles passiert unbewusst, ohne auch nur einmal daran zu denken.

Die Mundatmung dagegen begünstigt Infektionen, Entzündungen im Hals-Kehlkopf-Bereich, in den Bronchien und Lungen sowie die Polypenbildung in der Nase. Sie setzt alle wichtigen Nasenfunktionen außer Kraft.

Die Mundatmung ist von Mutter Natur nur als Notatmung vorgesehen, ein Notaus- und -eingang sozusagen. Bei großer körperlicher Belastung wie Flucht, extremem Stress oder auch einem Schnupfen leistet sie gute Dienste und bewahrt uns vor dem Ersticken. Aus Sicht unseres Körpers und somit auch unserer Seele sind alle durch den Mund atmenden Läufer ständig in Lebensgefahr und auf der Flucht.

Möchtest du etwas besonders Gesundes für dich tun, dann konzentriere dich bei allem, was du machst, auf eine langsame und tiefe Atmung durch die Nase.

Die sitzende Gesellschaft in den Industrieländern atmet durchschnittlich nur ein Zehntel ihres möglichen Lungenvolumens ein. Die Atmung ist sehr flach und kann sich nicht bis in die Lungenspitzen und den Bauchraum ausdehnen. Bei einem langsamen Spaziergang erhöht sich diese Menge schon auf das Zweieinhalbfache, beim Laufen oder Schwimmen steigt das Lungenvolumen auf das Zehn- bis Zwanzigfache an!

Riechen bestimmt unser Leben

Auch unsere Lebenspartner werden unbewusst durch die Nase auserwählt. Liebe geht also durch die Nase und nicht durch den Magen, wie das alte Sprichwort sagt. Riecht man jemanden gerne, fühlt man sich in seiner Nähe wohl. Die Sympathie für den Geruch eines Menschen ist somit auch die Grundvoraussetzung, um sich in jemanden zu verlieben. Ein neugeborenes Baby kann, nachdem es einmal die Quelle seiner Nahrung entdeckt hat, seine Mutter an ihrem Geruch erkennen. Auch bei allen Säugetieren finden sich Mutter und Kind immer über den Geruchssinn. Was besonders in großen Herden überlebenswichtig ist. Säuglinge sind programmiert auf schnelles Lernen von Gerüchen. Die Düfte bestimmen unsere Gefühle sofort nach der Geburt. Sie werden verknüpft mit positiven oder negativen Erfahrungen, die uns ein Leben lang in Erinnerung bleiben. Wir brauchen nur Apfelkuchen zu riechen und schon werden wir zurückversetzt in Großmutters Küche. Bekommen wir den Duft von Zimt und Tannennadeln in die Nase, spüren wir die angenehm wärmenden Gefühle von Weihnachten. Riechen wir Pinien, weckt das in uns vielleicht die Erinnerung an den letzten Italien-Urlaub. Jeder Mensch hat seine eigenen, ganz individuellen Riech-Erinnerungen, die ihn durchs Leben begleiten. Diese Ressourcen werden auch oft im Hypnoseverfahren eingesetzt.

Nasen-atmung

In der Kuppel der Nasenhöhle ist der Sitz der Riechschleimhaut. Sie ist die einzige Stelle im Körper, an der das Zentralnervensystem offen liegt und daher direkt mit der Außenwelt Kontakt hat. Die Zellen der Riechschleimhaut sind Gehirnzellen, die sich alle 28 Tage erneuern. Die bis zu 80 Millionen Härchen der Riechschleimhaut können jedes einzelne Duftmolekül vom anderen unterscheiden.

Nasenpflege

Wir duschen uns täglich, putzen die Zähne, waschen unsere Haare. Das sind alles selbstverständliche Rituale. Doch was tun wir für unsere Nase?
Wie pflegen wir unser phänomenales Riechsystem? In der modernen westlichen Welt wird das leider schmählich vernachlässigt. Die Nase verdient es, genauso gehegt und gepflegt zu werden wie der Rest unseres Körpers. Wahrscheinlich noch mehr, denn sie reinigt jeden Atemzug wie ein Filter und warnt uns vor Gefahren wie Brand, giftigen Substanzen oder verdorbenem Essen. Der Luftfilter deines Autos wird gewartet und jährlich ausgetauscht. Die Nase nur zu putzen ist nicht ausreichend, um unser Riechorgan zu pflegen. Der wirksamste Schutz vor Schmutz und Viren ist die tägliche Nasenspülung mit einer Salzwasser-Lösung und einem Tropfen Sesam- oder Olivenöl als Schmiermittel. Löse einen halben Teelöffel Meersalz in einer kleinen, flachen Schüssel in lauwarmem Wasser auf. Dann halte ein Nasenloch zu und ziehe durch das freie Nasenloch das Wasser langsam hoch, bis es in den Rachen rinnt. Keine Angst, es brennt nicht und tut auch nicht weh! Das Wasser einfach ausspucken und aus der Nase herausrinnen lassen. Dann das andere Nasenloch durchspülen und die ganze Prozedur nochmals wiederholen. Wer es professioneller haben möchte, kann auch in der Apotheke eine spezielle Nasendusche kaufen. Sie erzielt den gleichen Effekt.

Täglich am Abend vor dem Schlafengehen und auch morgens oder wenn ich an kalten Tagen laufe, schmiere ich mit dem kleinen Finger einen Tropfen Sesam- oder biologisches Olivenöl in jedes Nasenloch – gut hochziehen. Das verhindert, dass die Nasenschleimhaut austrocknet und sich Krankheitserreger einnisten können. Das hilft Schnupfen und anderen Erkältungskrankheiten vorzubeugen.

Nasenatmung beruhigt

Nasenatmung

Viele Menschen zweifeln noch immer an der Wichtigkeit der Nasenatmung. Teste es wieder selbst und atme nur durch den Mund ruhig ein und aus, während du die nächste Seite liest. Beobachte genau deine Empfindungen dabei.

Leistungsorientierte Läufer atmen durch den Mund, schließlich stehen sie unter Stress. Du solltest gut überlegen, was du mit deinem Laufen bezweckst. Dient dein Auslauf der Entspannung und Regeneration oder willst du deinen Körper in Stress versetzen und damit übersäuern?

Wäre es nicht genial, schnell zu laufen und gleichzeitig ganz ruhig und bequem durch die Nase zu atmen? Wenn das möglich wäre, würdest du den Mund freiwillig zum Atmen verwenden wollen? Sicher nicht. Nie wieder außer Atem zu sein ist möglich, wenn wir uns dieses Ziel setzen. Außerdem geht es darum, neue Gewohnheiten zu erlernen. Durch den Mund kannst du schon atmen. Das brauchst du nicht mehr üben. Es ist an der Zeit, sich etwas Neues einzuprägen, das dir zu einer besseren Lebensqualität verhilft. Du spürst, dass es auch nur mit der Nasenatmung locker läuft, vielleicht sogar angenehmer als mit offenem Mund.

Wenn wir mit und für die Seele laufen, befinden wir uns nicht in einem lebensbedrohlichen Zustand. Wir haben keine Angst und stehen nicht unter Stress. Es geht nur darum, eins zu sein mit dir selbst und mit der Natur. Das bedeutet, sie auch in all ihren Facetten riechen und mit all den anderen Sinnen erfahren zu können.

Übrigens, wie geht es dir jetzt eigentlich mit der Mundatmung? Hast du deinen Mund schon wieder geschlossen? Brauchst du vielleicht einen Schluck Wasser? Fühlst du dich entspannt?

Die meisten von euch werden bemerken, dass ihr Mund sehr schnell austrocknet. Das kann doch nicht angenehm sein! Deswegen machen wir ihn auch automa-

Nasenatmung

tisch sehr bald zu. Wenn du das noch nicht nachempfinden kannst, atme einfach weiter durch den Mund. Es kann sein, dass deine somatische Intelligenz etwas länger braucht, um zu spüren, was besser für dich ist. Besonders wenn du schon längere Zeit ein leistungsorientierter Sportler bist. Aber keine Sorge, auch Sportler werden früher oder später ihren Mund schließen. Es ist nur eine Frage der Zeit.

Atem-Meditation

Diese Atem-Meditation ist eine einfache Technik, die dir hilft, Körper und Geist zu entspannen. Durch die Konzentration auf die Atmung kann dein Geist sich langsam beruhigen und bringt dich dazu, im gegenwärtigen Moment zu leben. Du entwickelst durch diese Meditation mehr Bewusstheit, Frieden und innere Ruhe.

> 1. **Such dir einen ruhigen Platz,** an dem du nicht gestört werden kannst.
> 2. **Lege dich auf den Rücken.** Stell die Füße mit angewinkelten Knien auf den Boden oder setze dich bequem hin und schließe die Augen.
> 3. **Atme ganz normal durch die Nase ein und aus.** Lenke langsam deine Aufmerksamkeit auf die Atmung. Versuche sie nicht bewusst zu beeinflussen, sondern beobachte sie nur.
> 4. **Es kann sein, dass deine Atmung sich fast von alleine ändert.** Die Geschwindigkeit, der Rhythmus, die Tiefe. Es kann sogar sein, dass du das Gefühl hast, als würde die Atmung einen Moment lang anhalten. Beobachte nur und versuche, nichts bewusst zu ändern.
> 5. **Falls du abgelenkt wirst,** durch ein Geräusch oder andere Gedanken, lenke deine Aufmerksamkeit bewusst wieder zurück auf die Atmung.
> 6. **Während dieser Atem-Meditation** kannst du bestimmte Gefühle oder Erwartungen spüren. Auch da lenke die Aufmerksamkeit sanft zurück auf deine Atmung.
> 7. **Praktiziere diese Atem-Meditation 10 Minuten lang.**
>
> *Ich empfehle diese Meditation täglich abends vor dem Zu-Bett-Gehen durchzuführen. Auch wenn dich während des Tages Gefühle von Unruhe oder Aufregung überkommen, konzentriere dich ein paar Minuten auf deine Atmung, um dich wieder zu zentrieren.*

Laufen mit der Nasenatmung

Beim Lesen oder Arbeiten durch die Nase zu atmen ist für jeden leicht nachvollziehbar. Beim Laufen allerdings braucht es ein wenig Konzentration. Fange zuerst langsam während eines Spazierganges damit an. Gehe mit geschlossenem Mund, atme durch die Nase langsam tief ein und aus. Du wirst dadurch gezwungen, mehr auf den Atem zu hören und dich auf seinen Rhythmus zu konzentrieren. Nach drei- oder vierhundert Metern winkle die Arme an und fang ganz langsam mit winzigen, kleinen Schritten an zu laufen. Atme tief und ruhig weiter durch die Nase.

Bevor du spürst, dass deine Luftzufuhr zu knapp wird, gehe wieder und bleibe bei der Nasenatmung. Du wirst bemerken, dass du es nicht nötig hast, den Mund aufzumachen. Du hast es nicht eilig und bist auch nicht in Atemnot. Für manche Menschen kann das bedeuten, dass sie zu Beginn der Umstellung nur 20, 30 oder 50 Meter laufen können. Ist doch super. So kannst du auch nicht sagen, dass du keine Zeit zum Laufen hast. Ein paar Minuten hat jeder Zeit.

Das ist das perfekte Training. Im Sauerstoffüberschuss und mit dem Gefühl der Leichtigkeit. Wechsle ab zwischen Gehen und Laufen. Lass deinen Atemrhythmus und Sauerstoffbedarf entscheiden, wie lange du läufst. Höre nur auf dein inneres Gefühl. Lass dir von niemandem sagen, dass du schneller oder länger laufen solltest. Deine Grenze ist immer nur dein eigenes Wohlbefinden.

Viele der Seminarteilnehmer berichten mir, dass durch die Nase einzuatmen am Anfang keine Probleme bereitet, man muss nur langsam genug laufen. Das Ausatmen hingegen fällt vielen wesentlich schwerer. Das kommt daher, dass die Bauchmuskeln sich anspannen müssen, um die verbrauchte Luft rauszupressen. Das ist für viele ungewohnt. Zwischendurch kannst du selbstverständlich einmal kräftig durch den Mund ausatmen, allerdings solltest du anstreben, dass

Nasenatmung

es bald auch mit der Nase geht. Durch ein bewusstes Ausatmen kräftigst du gleichzeitig die Bauchmuskeln – ein Workout ganz nebenbei.

Sobald das Atmen durch die Nase für dich beim Laufen kein Problem mehr darstellt, kannst du gleich beim nächsten Kapitel Nasen atmend weitermachen. Vielen Menschen fällt es schwer, beim Sport nur durch die Nase Luft zu bekommen. Das ist in unserer Kultur inzwischen ganz normal. Nicht verzweifeln! Es gibt kein besseres Training als dieses. Ein halbes Leben ohne die Nase zu verwenden, spiegelt sich im Zustand des Zwerchfells wider. Das erschlafft durch den zu geringen Luftwiderstand, den die Mundatmung verursacht. Akzeptiere, dass du mehr Zeit für die Umstellung brauchst, und bleib geduldig. Möglich ist auch, dass du gar nicht bemerkst, ob du die Nase oder den Mund verwendest, weil die Atmung so unbewusst passiert. Ja, das gibt's auch! Manche Menschen lernen leichter den Mund geschlossen zu halten, wenn sie die Zungenspitze sanft an den oberen vorderen Gaumen legen. Andere dagegen finden es angenehm, Kaugummi zu kauen. Wenn der Mund schon beschäftigt ist, muss die Nase ran. Es gibt viele vermeintliche Gründe, warum Menschen denken, sie könnten nicht durch die Nase atmen. Etwa eine Nasenscheidewand-Verkrümmung oder Polypen. Die Nase muss sich erst langsam umstellen und das ist nur möglich, wenn man auch sehr langsam mit der Nasenatmung läuft. Die Nase befreit sich selbst und wird im Laufe des Trainings wieder luftdurchlässig. Mit Gefühl und Konsequenz verschwinden alle Probleme mit der Zeit. Wie heißt es so schön: **Use it or lose it.**

Du wirst die Fortschritte gut erkennen, wenn du es ganz gemütlich angehst, nichts lässt sich erzwingen. Die Nasenatmung kannst du nicht mit Willenskraft verbessern. Jeder fängt bei seinem Istzustand an und mit Gefühl verbessert sich dieser von Tag zu Tag. Das heißt, du wirst bald länger und schneller laufen können und dabei völlig mühelos und ganz bequem durch die Nase atmen. Das ist Laufen für die Seele.

Auch die Haut atmet

Ungefähr 16% des menschlichen Körpergewichtes ist Haut und sie ist auch der Spiegel unserer Seele. Wird unser Körper zu viel Stress ausgesetzt, äußern sich diese Symptome oft über die Haut.

Kommt unsere Haut mit äußeren Reizen wie Wasser, Wind, Wärme oder Licht in Berührung, wird die Atmung auf wunderbare Weise angeregt. Die Haut ist biologisch sehr aktiv. Sie lebt, sie atmet, sie scheidet Giftstoffe aus und sie erneuert sich alle 27 Tage selbst. Wissenschaftler fanden heraus, dass alle Immunzellen und Hormone, die im Gehirn und im gesamten Körper zu finden sind, auch in der Haut vorhanden sind. Wird die Haut stimuliert, produziert sie heilende Substanzen, die in der Blutbahn freigesetzt werden. Wachstumshormone sind die vielleicht wichtigsten davon und diese können wir ganz einfach aktivieren, indem wir unsere Haut massieren.

Wenn Hunde oder Katzen ihre Jungen mit der Zunge ablecken, erhöht sich der Spiegel der Wachstumshormone messbar. In den östlichen Kulturen genießt die tägliche Ölmassage der Babys höchste Priorität, um die Gesundheit und das Wohlbefinden des Kindes zu fördern.

Tägliche Selbstmassage

Zur Körperpflege sollte die tägliche Massage gehören. Sie entspannt, bringt das Immunsystem auf Hochtouren und setzt deine Wachstumshormone frei. Du kannst dich massieren lassen oder selbst deiner Haut eine Massage schenken. Beides wird deine Lebensqualität und deine Körperbewusstheit erhöhen.

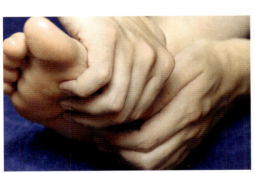

Sesam- und biologisches Olivenöl sind am effektivsten für eine Massage.

Reibe langsam das Öl über dein Gesicht, die Hände und Arme, weiter über deine Brust und den Bauch, mache kreisende Bewegungen über die Gelenke. Die Füße und Beine solltest du mit langen, gleitenden Bewegungen massieren. Versuchst du zusätzlich täglich deinen Rücken einzuölen, wirst du ganz nebenbei auch noch sehr viel gelenkiger. Die Massage sollte nicht zu kräftig sein, sie darf nur sanft die Haut stimulieren. Lass das Öl ungefähr 20 Minuten einziehen und dusche dich danach warm ab.

Nasenatmung

Das Öl entzieht dem Körper Giftstoffe, die sowohl über die Blutbahn und den Urin als auch über den Schweiß ausgeschieden werden. Jede Massage ist somit auch eine kraftvolle Entgiftung.

Diese Massage gibt dir ein lebendiges, waches Gefühl und sollte unbedingt in deinen Alltag integriert werden. Falls du kein Öl magst, kannst du dich auch trocken massieren. Verfahre gleich wie bei der Ölmassage, kurz vor der morgendlichen Dusche. Sechs Minuten Investition in deine Gesundheit und dein Wohlbefinden, die sich auszahlen!

Lach dich gesund

Lachen ist das beste Atemtraining. In seinem Buch beschreibt Norman Cousins, wie er sich während einer ernsten Erkrankung gesundlachte. Er verbrachte einen Großteil seines Alltags damit, lustige Bücher zu lesen und amüsante Filme anzuschauen. Durch Lachen schüttet der Körper Interferon, Killerzellen und andere Substanzen aus, die das Immunsystem aufbauen.

Sein Arzt staunte nach seiner vollständigen Genesung sehr, denn die Überlebenschancen standen bei 1 zu 500. Cousins schreibt: „Ich habe gelernt die Regenerationsfähigkeit des menschlichen Geistes und des menschlichen Körpers nicht mehr länger zu unterschätzen, selbst wenn die Aussichten äußerst ungünstig erscheinen. Die Lebenskraft ist vielleicht die Kraft in unserer Welt, von der wir Menschen am wenigsten wissen."

Meditation, Lachen und Singen haben alle eine ähnlich großartige Wirkung: Sie senken den Kortisolspiegel und stärken damit das Immunsystem.

Das sollten wir uns täglich zum Geschenk machen.

Das Laufprogramm für Anfänger und Fortgeschrittene

Gott hat uns ein Gesicht gegeben;
für unseren Gesichtsausdruck sind wir selbst verantwortlich.
UNBEKANNTER VERFASSER

Das 3-Stufen-Laufprinzip wurde sowohl für Anfänger wie auch für Fortgeschrittene entwickelt. Anfänger beginnen mit dem Gehen, während die Fortgeschrittenen gleich ins Laufen einsteigen. Ob du ein Anfänger oder Fortgeschrittener bist, hat wenig damit zu tun, wie lange du schon läufst. Es hängt eher davon ab, wie leicht du schon Luft durch die Nase bekommst.

Du kannst dich für dieses Laufprogramm als Anfänger einstufen, wenn du noch nicht während des Laufens durch die Nase atmen kannst. Es ist hierfür nicht interessant, wie hoch dein Fitness-Level ist, ob du oft, weit oder schnell laufen kannst, sondern wie effektiv dein Zwerchfell und die Lunge arbeiten. Für ausgebildete Sänger oder auch Schwimmer kann es durchaus möglich sein, genug Luft durch die Nase zu bekommen, auch wenn sie noch nie gelaufen sind.

Zu Beginn des gemeinsamen Trainings ist jeder Mensch in einer anderen Verfassung. In einem der Seminare passierte Folgendes: Als wir beim Morgentraining die Nasenatmung testen wollten und die Teilnehmer versuchen sollten, so schnell wie möglich damit zu laufen, hat ein professioneller Opernsänger die Marathonläufer stehen gelassen und war auf und davon. Niemand konnte das glauben. Alle unterstellten ihm, geschwindelt und zwischendurch seinen Mund benützt zu haben. Der Grund seines Erfolges liegt aber darin, dass Sänger einen hoch entwickelten Atmungsapparat haben. Das wirkt natürlich auf erfahrene Läufer wie ein Hohn. Sie haben sehr viel Zeit in ihr Training investiert, mehrfach Marathonstrecken hinter sich gebracht, und nun kommt ein fröhlich singender Lauflehrling und rennt allen davon.

Zu den Fortgeschrittenen gehörst du, wenn du beim Laufen keine Probleme hast, durch die Nase zu atmen.

Das Anfängerprogramm

Das 3-Stufen-Prinzip für Anfänger

Stufe 1
Gehe hinaus in die Natur und richte deine Aufmerksamkeit voll und ganz auf die Atmung. Atme langsam und tief durch die Nase ein und aus. Versuche während jedes Atemzugs, so viele Schritte wie möglich zu machen, solange du dich wohlfühlst. Konzentriere dich darauf, dass die Atmung vom Bauch hinauf zur Brust gezogen wird, sodass der Sauerstoff in jeden Bereich deiner Lungen gelangt. Gehe langsam und atme dabei bewusst, gut zehn Minuten lang. Du wirst ganz natürlich deine Schritte an die Atmung angleichen. Finde einen für dich angenehmen Rhythmus.

Stufe 2
Jetzt winkle die Arme an und laufe langsam, mit ganz kleinen Schritten. Die Geschwindigkeit wird höchstwahrscheinlich ungefähr beim gleichen Tempo liegen wie beim Gehen vorher. Atme ganz bewusst weiter und versuche dich auch auf den schnellen Rhythmus der Füße zu konzentrieren. Das ist für viele leichter gesagt als getan, weil wir davor noch nie versucht haben, unseren Atemrhythmus von unseren Bewegungen zu differenzieren. Zwei unterschiedliche Rhythmen in einem Körper könnten dich leicht überfordern.
Sind wir in Eile, bewegen wir uns schnell und hektisch. Unsere Atmung ist, wenn

sie nicht differenziert von unseren Bewegungen abläuft, flach und genauso hektisch. Unsere Empfindung ist Stress. Lernen wir aber langsam zu atmen und uns dabei schnell zu bewegen, dann sind wir schnell, ohne es eilig zu haben, und geraten nicht auf das gewohnte Stressniveau. Für den Alltag, in dem du dich leicht überforderst, ein gutes Werkzeug zu haben, ist für deine Gesundheit Gold wert. Immer schön langsam durch die Nase atmen!

Sobald du spürst, dass die Luft knapp wird oder dass deine Schritte langsamer werden, schalte einen Gang zurück, gehe wieder. Bleib dabei in der tiefen Nasenatmung. Wenn du die Zunge leicht gegen den oberen vorderen Gaumen drückst, hilft das den Mund geschlossen zu halten. Das ist die Ruhestellung der Zunge. Wechsle ab zwischen Gehen und Laufen. Versuche immer länger zu laufen und dich beim Gehen wieder zu erholen. Diese zweite Stufe kann zwischen fünf und fünfzehn Minuten variieren. Steigere dein Programm langsam jede Woche, indem du länger läufst und weniger gehst.

Stufe 3

Gehe langsam, atme bewusst durch die Nase und versuche dich dabei zu beruhigen. Die Herzfrequenz wird langsamer und du wirst eine innere Befriedigung empfinden, weil du dich bewegt hast, ohne außer Atem zu geraten. Höre immer auf mit dem Gefühl, dass du locker noch weiter laufen könntest. Das ist der Trick, um motiviert zu bleiben.

Ein ruhiger Sonnengruß am Schluss rundet das ganze Trainingsprogramm sehr schön ab.

Das Programm für Fortgeschrittene

Das 3-Stufen-Prinzip für Fortgeschrittene

Stufe 1

Wenn du in der Lage bist, laufend durch die Nase zu atmen, beginne gleich mit dem Laufen.
In Stufe 1 sollte deine Geschwindigkeit extrem langsam sein. Die Konzentration bleibt bei der tiefen, vollständigen Atmung, die du dir schon gut eingeprägt hast. Achte auch auf die kleinen Schritte! Halte dein Tempo zurück, bis du unbändige Lust bekommst, schneller zu laufen. Mindestens zehn Minuten solltest du in dieser Stufe 1 bleiben. Die Aufgabe dabei ist, zu spüren wie es dir geht. Fühlst du dich leicht? Bekommst du genug Luft durch die Nase? Wenn ja, kannst du zur nächsten Stufe übergehen. Wenn nicht, bleibe länger bei Stufe 1 und höre weiter auf deinen Körper. Er sagt dir ganz genau, was du heute und jetzt brauchst. Wenn du beispielsweise beruflich unter Druck stehst, spät ins Bett gekommen bist, zu viel und spät gegessen hast oder dein Immunsystem gegen eine Infektion kämpft, dann spürst du, dass du heute durch die Nase schwer Luft bekommst. Vielleicht hast du auch mal gar keine Lust zum Laufen. Respektiere deine Gefühle und Gedanken und beende deinen Lauf. Auch wenn er nur zehn Minuten dauerte, gehe nach Hause, ruhe dich aus und probiere es morgen wieder.
Langsam, aber sicher wirst du viel sensibler auf deinen Körper reagieren können und dich in Zukunft nicht mehr so schnell überfordern. Du solltest dir allerdings, vorausgesetzt du bist gesund, jeden Tag die Zeit nehmen, diese 1. Stufe des Laufprogramms durchzuführen.

Mindestens zehn Minuten Bewegung täglich an der frischen Luft sind das Minimum.

Stufe 2

Die Lust schneller zu laufen ist in dir gewachsen?
Interessant dabei ist, dass, wenn man langsam genug anfängt, jeder Lust bekommt, schneller zu werden. Fängt man aber zu schnell an, geht es erfahrungsgemäß in die andere Richtung und man kann nur langsamer werden.
Versuche das Tempo allmählich zu steigern. Verlagere einfach den Schwerpunkt etwas nach vorne, schon läufst du automatisch schneller. Halte diese Geschwindigkeit und beobachte, wie sich das auf deine Atmung auswirkt. Kannst

du nach ein paar Minuten noch ganz bequem atmen, dann steigere das Tempo noch ein wenig mehr. Wenn nicht, dann werde langsamer.

Diese zweite Stufe ist die Phase, in der du versuchen kannst, immer schneller zu laufen. Geschwindigkeit und Distanz sind nur abhängig von deiner Nasenatmung. Achte sorgfältig auf dein Gefühl und ändere dein Tempo entsprechend. Wichtig ist, dass du versuchst, an die Grenze deiner Bequemlichkeit zu stoßen. Du willst deinem Körper neue Reize geben, sodass dein Atmungsorgan möglichst gefordert wird. Auch die Muskulatur braucht diese neuen Reize, um zu verhindern, dass sie sich verkürzt. Bei wechselnder Geschwindigkeit bleibst du geschmeidig und flexibel.

Du brauchst allerdings keine körperliche Überforderung zu befürchten, denn diese Steigerungen werden nur minutenweise durchgehalten. Rasch wirst du an deine Bequemlichkeitsgrenze kommen, die dich zwingt, wieder wesentlich langsamer zu werden, um die Nasenatmung beizubehalten. Es kann durchaus passieren, dass deine Nase anfängt leicht zu brennen oder einfach zumacht. Ein eindeutiger Hinweis auf „Tempo zurück und bremsen". Das löst das Problem relativ schnell und nach einer Weile langsameren Trabens kannst du wieder versuchen, mehr Gas zu geben.

Wie viel Zeit du persönlich brauchst, um die Laufgeschwindigkeit zu erreichen, die du dir wünschst, kann man nicht voraussagen. Jeder Mensch ist anders. Manche brauchen dazu etliche Wochen, einige schaffen es in ein paar Tagen. Viele haben Probleme in der Nase, wie zum Beispiel eine Nasenscheidewand-Verkrümmung oder eine Polypenvergrößerung. Das verlangsamt den Prozess der

Nasenatmung, genauso wie ein falscher Laufstil. Diese Menschen müssen mehr Geduld dafür aufbringen, profitieren aber auch um ein Vielfaches mehr, weil ihre gesundheitlichen Probleme dadurch gebessert werden. Die Nase wird wieder frei und durchlässig.

Das Besondere an dieser Methode ist, dass du jetzt völlig unabhängig bist. Niemand kann dir mehr sagen, dass du schneller laufen oder bestimmte Regeln befolgen musst. Du kannst nur das, was deine Nase dir erlaubt. Nicht mehr und nicht weniger und das jeden Tag anders.

Stufe 3

Nachdem du deinem Körpergeist ein angemessenes Training gegeben hast, ist es wichtig, langsam wieder zur Ruhe zu finden. Laufe die letzten zehn Minuten genau so wie in Stufe 1 zu Beginn. Sehr langsam und mit vollständiger, tiefer Atmung. Das bewirkt, dass alle bei deinem Lauf angefallenen Abfallstoffe, wie zum Beispiel die Milchsäure, im Körper wieder aufgelöst werden. Die Chancen auf einen Muskelkater sind dadurch viel geringer, als wenn du den Lauf abrupt beendest.

Nach dem Laufen atmest du weiter ganz normal durch die Nase, wie vor Beginn des Trainings. Kein Schnaufen mehr hinterher! Du wirst staunen, dass es möglich ist, eine halbe oder gar eine Stunde unterwegs zu sein, ohne deinen Mund zu öffnen.

Angekommen zu Hause, gönne deinem Körper noch den Sonnengruß in schöner, entspannter Atmosphäre. Das fördert schon die Vorfreude auf deinen morgigen Lauf.

Ein lockerer Körper läuft leichter

Wenn wir unseren Körper vernachlässigen, wo sollen wir dann leben?

UNBEKANNTE QUELLE

Viele Hobbyläufer rennen einfach los, meist ohne Vorbereitung und um einiges zu schnell. Manche machen schnelle oder kurze Dehnübungen für die Beine. Das ist ein großer Fehler und dein Körper freut sich darüber gar nicht. Was du brauchst sind Übungen, die den gesamten Körper mobilisieren. Ein lockerer Körper befreit den Geist. Außerdem wird durch ganzkörperliches Aufwärmen das Verletzungsrisiko enorm gesenkt. Viele Menschen arbeiten den ganzen Tag sitzend und danach laufen sie unvermittelt und in hohem Tempo los. Dabei tendieren sie dazu, ihre steife Sitzhaltung beizubehalten.

Die folgenden Übungen treiben die Spannung aus deinem Körper, damit es sich für dich leichter laufen lässt.

Hier sind die besten acht Lockerungsübungen, die du vor jedem Lauf machen solltest. Du kannst sie wunderbar als tägliches Aufwach-Ritual gleich in der Früh einbauen. Außerdem ist es empfehlenswert, sie tagsüber immer wieder am Arbeitsplatz anzuwenden, um dich schnell zu energetisieren, bevor du müde wirst. Führe die folgenden kreisförmigen Bewegungen so leicht, rund und fließend wie möglich aus. Vermeide, dass du an die Grenzen deiner Bewegungsmöglichkeiten stößt. Konzentriere dich auf den Schwung und den Rhythmus. Du solltest dich dabei immer wohlfühlen. Solltest du bei einzelnen Bewegungen ein Unbehagen empfinden, verkleinere sie oder lasse sie einfach für einen Tag aus und probiere sie am nächsten Tag vorsichtig wieder. Bleibe dabei immer bei der Nasenatmung.

Wiederhole alle Lockerungs-Bewegungen im Stehen zehn Mal in jede Richtung am besten in der angegebenen Reihenfolge.

Ein lockerer Körper läuft leichter

Fuß kreisen

Bewege einen Fuß in leichten, flüssigen Kreisen um das Fußgelenk. Versuche den Fuß so gleichmäßig wie möglich zu lockern. Richtung wechseln und dann dasselbe Kreisen mit dem anderen Fuß.

Knie kreisen

Stütze dich mit beiden Händen auf die gebeugten Knie und lasse sie beide parallel mit runden Bewegungen kreisen. Dabei wirst du bemerken, dass auch der Fuß mitkreist. Löse die Außenkanten des Fußes, die Fersen, die Innenkanten und die Ballen nacheinander vom Boden, um die Kreise zu perfektionieren.

Becken kreisen

Stelle die Beine schulterbreit auseinander und lege die Hände seitlich auf die Hüften. Mache kreisförmige Bewegungen mit dem Becken. Fang mit kleinen Kreisen an und vergrößere sie allmählich. Während die Kreise wachsen, kreisen dabei auch deine Knie automatisch mit. Wechsle immer wieder die Richtung, bis deine Hüften sich geschmeidig und elegant anfühlen.

Ein lockerer Körper läuft leichter

Hüfte drehen

Balanciere auf dem linken Fuß. Hebe das rechte Knie und umfasse es mit der rechten Hand. Dehne es so weit nach außen, wie es locker für dich möglich ist, dann stelle das Bein wieder auf den Boden. Du kannst die rechte Hand dabei benützen, um das Knie zu halten oder es weiter nach außen zu drehen.

Ein lockerer Körper läuft leichter

Schulter kreisen

Beuge beide Arme, die Fingerspitzen berühren vorne die Schultern. Male große Kreise mit beiden Ellenbogen gleichzeitig in die Luft.

Die Bewegung betrifft nicht nur die Oberarme und Schultern. Versuche den gesamten Rücken zu integrieren und fühle, wie er sich biegt und streckt. Auch das Becken sollte dabei mitspielen, vor und zurück rollen. Wechsle die Richtung mehrmals.

Bein schwingen

Stütze dich mit der rechten Hand an einer Wand ab und lasse das linke Bein locker schwingen, mit leicht gebeugtem Knie vor und zurück. Fange mit kleinen Bewegungen an und vergrößere allmählich die Schwungbewegung des Beines, je nach Gefühl. Wechsle die Seite.

Diese Übung lässt sich steigern, indem du dich nicht abstützt, sondern zum Ausgleichen der Balance die Arme streckst. Lasse die Arme möglichst locker auf beiden Seiten mitschwingen. Atmest du noch durch die Nase? Das ist ein exzellentes Training für Balance und Koordination in der Laufbewegung.

Arm schwingen

Stelle die Beine schulterbreit auseinander und hebe beide Arme senkrecht über den Kopf. Gehe in eine leichte Kniebeuge. Lasse deinen Oberkörper locker nach vorne fallen und schwinge dabei die Arme nach hinten oben. Der Kopf hängt locker nach unten. Du bekommst mehr Schwung, wenn du tiefer in die Knie gehst. Wieder aufrichten mit den Armen über dem Kopf. Wechsle von einer Position zur anderen mit angenehmen und leichten Schwungbewegungen. Aus dem Schwung der Arme nach hinten kannst du auch ein klein wenig vom Boden wegspringen. Versuche auch noch beim Fallenlassen gut durch die Nase (natürlich!) auszuatmen und beim Aufrichten wieder einzuatmen.

Ein lockerer Körper läuft leichter

Hüfte schwingen

Stelle dich gerade hin, beide Arme hängen locker an den Seiten. Drehe das rechte Bein auf der Fußspitze nach innen und lasse die rechte Hüfte dabei mitdrehen. Dabei bekommst du einen Schwung aus dem Becken, der die Drehung weiter durch den Körper bis in die Schultern und Arme leitet. Das linke Bein bleibt stehen. Lass diese locker bei jeder Drehung mitschlenkern. Stelle dir vor, du wärst aus Gummi und der gesamte Oberkörper und die Arme leiten die Schwingungen bis in die Fingerspitzen weiter. Dabei können die Hände am Ende der Bewegung auch die Seiten der Hüften leicht anschlagen. Wiederhole die Übung auch zur anderen Seite.

Koordination von Atmung und Bewegung

*Der einzige Weg nach draußen
ist der Weg nach innen.*
UNBEKANNTER VERFASSER

Atemübungen vor und nach dem Laufen

Freies Atmen ist abhängig von der Beweglichkeit der Rippen, der Wirbelkette, des Beckens und der Schultern. Es gibt viele Möglichkeiten, dieses zu erreichen. Eine davon ist sich zu strecken und in die gestreckte Region hineinzuatmen, um dadurch auch das Bewusstsein für diesen Körperteil zu erhöhen.

Yoga für Läufer

Der Sonnengruß wird seit mehr als 5000 Jahren in Indien als eine Reihe von Yoga-Positionen praktiziert. Er fehlt in keiner Yoga-Stunde, meist als Aufwärmübung in Form von zusammenhängenden, fließenden Bewegungen, die mit der Atmung kombiniert werden. Der Sonnengruß ist meines Erachtens die beste aller Übungen für Läufer, weil er den Körper dehnt und streckt und dabei den Kreislauf langsam, aber stetig in Schwung bringt. Nach dem Laufen wirkt er beruhigend und entspannt. Der Sonnengruß verbindet Körper und Geist, indem er die Beugung und Streckung des Körpers mit der Atmung koordiniert.
Diese Übung bringt dir Ruhe und Ausgeglichenheit und sie fördert deine Achtsamkeit. Die wichtigsten Sehnen und Muskeln werden dabei gedehnt und die gesamte Stützmuskulatur, die für das Gleichgewicht zuständig ist, wird gestärkt. Der Sonnengruß besteht aus zwölf Positionen, die im Atemrhythmus durchgeführt werden.
Du benötigst ein wenig Zeit, um dir die einzelnen Stellungen einzuprägen. Es ist

sinnvoll, in jeder der zwölf Stellungen eine Zeit lang zu verweilen, damit sie verinnerlicht werden können.

Ich selbst habe den Sonnengruß vor vielen Jahren aus einem Buch gelernt. Das ist möglich, aber nicht optimal. Vor dem Spiegel mit dem Buch am Boden kannst du deine Positionen gut beobachten. Mit einem Video ist er schon einfacher zu erlernen. Am effektivsten ist auf jeden Fall die Teilnahme an einem Seminar, in dem dir ein Lehrer die Einzelbewegungen genau zeigen kann.

Der Sonnengruß fängt erst an richtig schön zu werden, sobald du dir den Ablauf gemerkt hast. Mit regelmäßigem Üben wirst du so geschmeidig wie eine Katze, was deine Läufe beflügeln wird.

Noch einen weiteren Zusatznutzen erhältst du dadurch: Aufgrund der Atemübungen beim Sonnengruß kann die Nasenatmung auch beim Laufen rascher integriert werden.

Ich empfehle dir, die einzelnen Positionen einige Tage isoliert zu üben, ohne dabei perfekt sein zu wollen. Lasse dir Zeit, deinen Körper an diese neuen Bewegungen zu gewöhnen. Danach verbinde immer zwei oder drei Positionen, bis du den ganzen Ablauf systematisch zu einer Einheit zusammenbringen kannst. Ein Reiz dabei ist, den Sonnengruß ständig zu perfektionieren.

Koordination Atmung und Bewegung

Die zwölf Positionen und ihre Atmung

Bet-Stellung
Stehe gerade, die Beine hüftbreit auseinander. Lege in Brusthöhe beide Handflächen mit leichtem Druck aufeinander. Atme langsam und vollständig aus.

Hände zum Himmel
Beim Einatmen strecke die Arme seitwärts und dann nach oben über den Kopf, die Handflächen schauen dabei zueinander. Schau auf deine Fingerspitzen, während du den Oberkörper leicht nach hinten streckst. Mache das nur so weit, wie es dir angenehm ist.

Hände zur Erde
Im Ausatmen bringe die Arme wieder seitlich und weiter nach unten in Richtung Boden vor die Füße. Biege dich dabei aus den Hüften nach vorne, zuerst mit gestreckten Beinen. Erlaube den Knien sich zu beugen, wenn sie das fordern. Bleib in dieser Stellung und atme wieder ein.

Koordination Atmung und Bewegung

Ausfallschritt links
Beim Ausatmen strecke dein linkes Bein nach hinten. Lasse das linke Knie des ausgestreckten Beins den Boden berühren und stelle den Fuß mit den Zehenspitzen auf. Stütze dich mit beiden Händen seitlich am Boden ab.
Atme ein, während du deinen Rücken streckst. Schau nach oben in Richtung Himmel.
Beim zweiten Durchgang machst du den Ausfallschritt mit dem rechten Bein.

Gesäß zum Himmel
Beim Ausatmen strecke dein rechtes Bein auch nach hinten, parallel zum linken. Drücke mit beiden Händen das Gesäß nach hinten oben in Richtung Himmel. Die Arme und Beine werden möglichst durchgestreckt. Versuche dabei die Fersen am Boden zu lassen – das muss nicht von Beginn an gelingen. Der Kopf hängt zwischen den Armen locker nach unten.

Acht-Punkte-Kontakt
Lasse dich langsam zum Boden sinken. Zuerst die Knie zum Boden, dann in einen halben Liegestütz. Auch die Brust und dein Kinn berühren den Boden. Jetzt müssten acht Körperpunkte Kontakt mit dem Untergrund haben: Kinn, Brust, beide Hände, beide Knie und die Fußspitzen. Halte in dieser Stellung den Atem an.

Koordination Atmung und Bewegung

Die Kobra
Atme ein und lasse das Becken zum Boden sinken. Hebe deinen Kopf und strecke den Rücken dabei nach hinten. Hilf ein wenig nach, indem du mit beiden Händen leicht nachdrückst.

Gesäß zurück zum Himmel
Beim Ausatmen bewege deinen Kopf nach unten, während du das Becken wieder nach hinten oben in Richtung Himmel hebst. Strecke die Arme und Beine, der Kopf hängt entspannt nach unten, verweile ein paar Atemzüge in dieser Stellung.
Dann hebe den Kopf wieder und atme ein.

Ausfallschritt rechts
Beim Ausatmen ziehe das linke Bein nach vorne. Stelle deinen linken Fuß auf den Boden zwischen beide Hände. Das rechte Knie berührt den Boden.
Atme ein und hebe deinen Kopf. Strecke deinen Rücken ein wenig.
Beim zweiten Durchgang machst du den Ausfallschritt links.

Hände zur Erde
Beim Ausatmen ziehe das rechte Bein nach vorne und stelle beide Füße nebeneinander auf den Boden.
Atme ein und aus in dieser Stellung.

Hände zum Himmel
Beim Einatmen richte dich langsam auf. Strecke beide Arme wieder seitlich in großem Bogen zum Himmel, der Blick geht mit.

Bet-Stellung
Atme aus, indem du die Arme wieder kreisförmig über die Seite zur Mitte bewegst. Lege beide Handflächen wieder mit leichtem Druck aufeinander.
Vier Durchgänge sollten es mindestens sein, um die Wirkung zu entfalten. Mehr und öfter ist immer erlaubt.

Koordination Atmung und Bewegung

Die Übungen

Große Werke vollbringt man nicht mit Kraft, sondern mit Ausdauer.
SAMUEL JOHNSON

Die folgenden Kapitel beinhalten Übungen, die dazu beitragen, dein Gefühl für die Laufbewegung zu verfeinern und weiterzuentwickeln. Du wirst Schritt für Schritt begleitet, um zu lernen, wie der laufende Körper zusammenhängt, damit du die Unterschiede spüren kannst. Das bedeutet, hinter diesen Übungen steckt die Absicht, dich das Richtige fühlen zu lassen. Das ist nur möglich, wenn du auch in der Lage bist, das Falsche wahrzunehmen. Du bekommst dadurch ein Gefühl, welche Bewegungs-Möglichkeiten leichter oder schwerer für dich sind. Dadurch ändert sich deine Wahrnehmung und du verfeinerst dein Körpergefühl.

Es gibt viele Menschen, die sich unbewusst immer kleiner machen als sie sind, und das nicht nur beim Laufen, sondern auch im täglichen Leben. Am besten werden wir darauf aufmerksam, wenn wir dieses Kleinmachen überbetonen und sogar übertreiben. Du spürst sofort und deutlich, dass es schwerfällt, so zu laufen. Wenn du dich dann plötzlich im Laufen aufrichtest und größer machst, beflügelt das deinen Lauf und du empfindest eine ungeahnte Leichtigkeit. Am Anfang musst du dir deiner Bewegungen bewusst werden, damit kann sich im Laufe des Trainings eine Verbesserung deines Laufstils einstellen.

Ich empfehle dir, diese Übungen immer wieder einzubauen, um deine Aufmerksamkeit zu schulen.

Die folgende Bewegungsschule hat eine deutlich stärkere Wirkung, wenn sie barfuß oder mit flachen, leichten Schuhen ausgeführt wird. Je weniger du zwischen Fuß und Boden hast, desto mehr kannst du spüren.

Übung: Schwerkraft

Ausnützen der Schwerkraft

Lass eine Videoaufnahme von dir machen

Wenn du wissen willst, ob du ein Geh-Hüpfer bist, solltest du dich selbst laufen sehen. Auch wenn sich dein Laufen gut anfühlt. Unser Gefühl kann uns täuschen. Unser Selbstbild stimmt meist mit dem Fremdbild wenig überein und du wirst von dir überrascht sein! Eine Videoaufnahme ist daher unerlässlich!
Der Großteil der Läufer, die sich selbst in meinen Seminaren laufen gesehen haben, war überrascht oder gar entsetzt. Sie konnten kaum glauben, auch der Spezies der Geh-Hüpfer anzugehören, und erkannten sich selbst nicht auf Video. Im letzten Seminar sagte einer der Teilnehmer, er sähe aus, als hätte er schon 35 Kilometer mit schwerem Rucksack hinter sich, dabei waren es gerade mal 50 Meter! Kein Wunder, dass er, statt schneller zu werden, immer mehr Schmerzen in den Knien bekam. Das ist ein typisches Geh-Hüpfer-Merkmal!

Laufe dich ein wenig ein und bitte jemanden, dich mit einem Camcorder aufzunehmen. Lass dich von der Seite, also im Profil, filmen, während du ungefähr 50 m in deinem normalen Laufstil läufst. Wenn möglich, laufe vor einem Zaun oder einer Straßenlaterne, damit du dich mit einem senkrechten Gegenstand vergleichen kannst. Dadurch kannst du erkennen, ob du dich genauso weit aufwärts- wie vorwärtsbewegst, also bei jedem Abstoßen hochspringst.

Sieh dir deinen Laufstil in Zeitlupe an, mach Stopps in dem Moment, wenn dein Fuß den Boden berührt, und nimm dir Zeit ihn zu analysieren.
Ist das Bein gestreckt vor deinem Körper, wenn du auf dem Fuß landest? Wenn ja, dann verschwendest du kostbare Energie in der Vorwärtsbewegung und das verhärtet deine Muskulatur. Du solltest weniger mit dem Fuß abdrücken, sondern mehr die Absicht haben, vorwärtszulaufen. Sobald der aufgesetzte Fuß flach am Boden steht, zeichnest du eine Linie von unten senkrecht nach oben durch den Knöchel (siehe Foto Seite 88). Wenn du bei der Mitte deines Scheitels ankommst, dann Gratulation. In dem Fall wird deine Kraft in Vorwärtsbewegung umgesetzt. Wenn nicht, dann belastest du unnötigerweise sowohl deine Oberschenkel wie auch die Knie und bremst bei jedem Schritt deinen Lauf ab. Stell dir ein Auto vor, das ständig zwischen Gas und Bremse bewegt wird – da ist kein effizientes Vorwärtskommen möglich. Damit wäre dein Laufstil vergleichbar.

Übung: Schwerkraft

Ich habe mich ein paar Schritte lang gequält, um dir zu zeigen, dass ohne Schuhe eine Fersen-Landung auf Asphalt keinen Spaß macht. Unbedingt ausprobieren! Beim Barfuß-Laufen spürst du ganz genau, wie stark die Schwerkraft tatsächlich auf deinen Körper einwirkt. Genauso spürst du, wenn deine Energie nicht vernünftig umgesetzt wird.

Laufe ganz normal und lehne dich mit dem Oberkörper weit genug nach hinten, sodass du spürst, wie sich dein Körper auf und ab bewegt und die Füße deine Vorwärtsbewegung bei jedem Schritt bremsen. Lande ganz bewusst auf den Fersen. Laufe 20–30 Meter auf diese Art, damit du die Anstrengung und die Bremskraft eine Zeit lang fühlen kannst.

Übung: Schwerkraft

Verlagere jetzt das Gewicht weiter nach vorne, vor deinen Körperschwerpunkt, und beobachte, wie deine Fersen nun nicht mehr zum Boden kommen können, um zu bremsen, sondern der Fuß jetzt vielmehr zum Gaspedal wird. Du wirst schneller, nicht weil du deine Beine vorwärtsbewegst, sondern weil dein Körpergewicht durch die Schwerkraft nach vorne gezogen wird! Als Unterstützung hebe die Fersen etwas mehr hinten oben an. Der kleinere Beinwinkel lässt die Füße schneller durchschwingen und ergibt eine radförmige Beinbewegung. Das Resultat ist eine schnellere Schrittfrequenz.

Es ist wichtig, bei jeder Laufeinheit immer erneut die Rücklage- und Vorlage-Übungen zu wiederholen, um die Achtsamkeit auf die Füße und den Körperschwerpunkt zu lenken. Schließlich willst du dir das Gefühl der Schwerelosigkeit einprägen, deshalb musst du dir es immer wieder bewusstmachen. Übertreibe anfänglich den Rücklage-Vorlage-Wechsel, um es wirklich zu merken. Mit der Zeit kannst du feinfühliger experimentieren, bis nur mehr zentimeterweise Änderungen spürbar sind.

Der Armwinkel

**Übung:
Armwinkel**

Tom war ein sehr erfolgreicher Radfahrer. Er kam zu einem meiner Seminare, weil er immer wieder Schmerzen beim Laufen bekam. Er erzählte, dass nach etwa einer halben Stunde Laufen sein linkes Knie zu schmerzen beginne. Gleichzeitig zieht sich über seine beiden Schultern ein nahezu unerträglicher Verspannungsschmerz. Egal ob er Pausen einlegt oder durchläuft, sein linkes Knie bereitet ihm Probleme.

Er dehnte immer wieder seine Oberschenkel, probierte andere Entspannungsübungen aus, aber alles half nur für kurze Zeit. Das Problem kehrte immer wieder zurück. Deswegen fahre Tom nun lieber Rad, dabei habe er keine Schmerzen. Unverständlich blieb für ihn allerdings, warum er auf dem Rad so gut, effizient und schnell war und ihm das Laufen so starke Probleme bereitete. Durch die Videoanalyse erhoffte er sich, dass wir den Fehler in seiner Lauftechnik finden würden.

Das Ergebnis seiner Laufstil-Analyse war auf den ersten Blick eindeutig und seine Fehlhaltung auch für ihn sofort erkennbar. Er hielt beim Laufen seine Arme fast gestreckt nach unten und seine Hände bewegten sich kaum. Sie baumelten nur leicht in der Höhe der Oberschenkel, dadurch war aber seine Schrittlänge natürlich viel zu groß. Mit nach vorne gebeugtem Oberkörper sah er eigentlich aus, als würde er versuchen Fahrrad zu fahren ohne Rad! Auf die Frage, ob er sich jemals, wenn er läuft, über seine Arme Gedanken gemacht hatte, sah er mich nur ganz erstaunt an.

Wieder einmal ein Beweis für die weit verbreitete Meinung, dass man doch nur mit den Beinen und Füßen läuft. Aber auch der Rest des Körpers muss doch irgendwie mitlaufen! Arme und Hände spielen eine genauso wichtige Rolle wie Beine, Hüften, Wirbelsäule und Schultern.

Bei Tom hing der rechte Arm tiefer als der linke, weil er Rechtshänder war und somit sein linkes Bein das Standbein war. Man konnte leicht erkennen, dass sein linkes Bein sowohl beim Laufen als auch beim Gehen größere Schritte machte. Am Aufprall der Ferse war diese Fehlhaltung auch für ihn ersichtlich und vor allem als Schmerz im Knie spürbar! Die Ursache seiner Probleme war gefunden und konnte nun leicht durch eine Änderung der Bewegungsgewohnheiten beim Gehen und Laufen ausgemerzt werden.

Die Bremskraft des linken Beines war viel größer als die des rechten. Diese Belastung hält auf Dauer kein Knie und auch kein anderes Gelenk aus. Ein Schmerz

Übung: Armwinkel

zeigt immer, dass etwas nicht richtig läuft. Eine falsche Armhaltung kann die Belastung auf die Oberschenkel und Knie extrem erhöhen und die gesamte Laufbewegung dadurch enorm verlangsamen. Allein durch einen kleineren Armwinkel beim Laufen verkleinern sich auch die Schritte und die Belastung auf die Knie. Dadurch können auch Schmerzen verschwinden.

Probleme mit dem Knie plagen sehr viele Läufer. Die Ursache dafür ist nicht selten eine unnatürliche Armhaltung. Das klingt vielleicht paradox, ist aber ganz logisch.

Arme und Schultern spielen beim Laufen eine sehr wichtige Rolle. Sie balancieren den Körper und gleichen die Bewegungen der Beine in den Diagonalen aus. Wir wissen aus der Physik, dass ein langer Hebel länger zum Durchschwingen braucht als ein kurzer. Das bedeutet, dass bei einem Laufstil mit langen, fast gestreckten Armen auch die Schritte automatisch länger und langsamer werden. Sobald man den Armwinkel verkleinert, verkürzt sich auch die Schrittlänge und die Schrittfrequenz erhöht sich.

Das ist sehr wichtig zu verstehen, denn die Beziehungen zwischen Armen und Beinen zu spüren und sie bewusst einzusetzen, ist die Grundvoraussetzung für einen effizienten Laufstil. Das Wichtigste beim Laufen ist, die Bremskräfte zu reduzieren, nur dann ist es möglich, schneller zu werden, auch auf längere Distanz.

Bei den Kenianern beobachten wir, dass sie ihren Armwinkel immer unter 90 Grad halten. Meistens sogar zwischen 45 und 90 Grad, je nach Geschwindigkeit, aber niemals größer. So wie übrigens auch kleine Kinder laufen!

Es gibt eine chinesische Marathonläuferin, die ihre Arme fast gestreckt hält und somit von vielen als Ausnahmefigur dieses Gesetzes gesehen wird. Aber bei näherer Betrachtung sieht man, dass sie den schnellen Ausgleich zu den Beinen mit den Schultern macht, statt mit den Armen. Durch eine verbesserte Hüftrotation kann sie sich den großen Armwinkel erlauben und die Arme deshalb auch tiefer hängen lassen.

Zurück zu Tom: Er hielt also einen Arm höher als den anderen. Dadurch bremste er mit einem Bein die Vorwärtsbewegung stärker ab als mit dem anderen.

Die meisten Menschen haben ein Standbein, auf und über dem sich der gesamte Körper effizient organisiert. Meistens machen wir mit dem Standbein einen etwas größeren Schritt, weil man sich auf diesem Fuß sicherer fühlt. Dieser ist aber auch mehr den Bremskräften ausgesetzt. Früher oder später fängt das Knie an zu schmerzen, weil das Bein immer zu weit vor dem Körperschwerpunkt aufsetzt. Das Problem ist meist leicht zu durchschauen und die Lösung verblüffend einfach.

Achtung Ausnahme: Wird das Standbein durch eine Verletzung für längere Zeit außer Betrieb gesetzt, ändert das Gehirn das Standbein zur anderen Seite, damit die Stabilität gewahrt bleibt. Meist bleibt dann dieses Bein auch nach der Genesung das Standbein und die alten Probleme verlagern sich zur anderen Seite. Das passiert auch meist nach Knie- und Hüftoperationen.

Wie schon gesagt, das Ändern der gewohnten Haltung ist das einzig Erforderliche und auf Dauer Erfolgreiche, um schmerzfrei und beweglich zu bleiben!

Kurzer Armwinkel

Laufe auf einer flachen Asphaltstraße und winkle beide Arme an, sodass die Armwinkel ungefähr 45 Grad betragen. Übertreibe diesen kurzen Winkel und spüre, wie sich das anfühlt.

Übung: Armwinkel

Langer Armwinkel

Jetzt versuche die Armwinkel zu vergrößern, sodass sie weit mehr als 90 Grad betragen. Versuche die Geschwindigkeit nicht zu ändern. Beobachte nur, wie auch die Schritte durch den längeren Winkel der Arme länger werden. Jetzt müssten die Bremskräfte deutlich zu spüren sein.

Wechsle immer wieder ab zwischen kurzem und langem Armwinkel. Übe das so lange, bis du deutlich spüren kannst, wann du weniger Belastung auf den Beinen und Knien hast. Das Resultat dieser Übung sollte eine schnellere Schrittfrequenz sein.

Mache dir auch bewusst, dass eine bestimmte Schrittlänge immer mit einer adäquaten Laufgeschwindigkeit zusammenhängt. Das bedeutet, wenn du langsam läufst, solltest du einen kleinen Armwinkel haben. Mit zunehmender Geschwindigkeit ist es aber notwendig, den Armwinkel etwas zu vergrößern, weil durch das höhere Tempo automatisch die Schritte länger werden müssen.

Das Drehmoment

Übung: Drehmoment

Während der Vorbereitungen der Commonwealth-Games in Auckland/Neuseeland, 1990, hatte ich Gelegenheit, mit der kenianischen Nationalmannschaft zu laufen. Ich nützte die Chance, um so viel wie möglich über ihre unglaubliche Laufkultur zu erfahren. Vor allem wollte ich wissen, warum alle Athleten aus dem Team so überaus elegant, unbekümmert und dabei noch schnell laufen konnten. Für mich war interessant zu erfahren, warum sie z. B. ihre Arme in einem ganz engen Winkel halten, ob sich das Becken dreht oder warum kenianische Läufer eine fast identische Schrittfrequenz haben. Es war ziemlich frustrierend, gesagt zu bekommen: „DON'T THINK – JUST RUN – DON'T GO SLOWLY!"

Ich kannte auch viele Läufer, die versuchten schnell zu laufen und dabei absolut keine gute Figur abgaben.
Trainer waren sich alle ziemlich einig, welche Kriterien dabei zählen: Der Körper sollte sich so wenig wie möglich auf und ab bewegen, die Füße sollten einen möglichst kurzen Bodenkontakt haben, der Oberkörper sollte so weit wie möglich nach vorne gebeugt und die Schultern sollten entspannt sein. Nur konnte mir damals trotzdem niemand erklären, wie man eine optimale Lauftechnik erreicht. Außer den bekannten und heute noch immer gegebenen Trainingstipps wie: viele Ausdauerläufe, Intervalltraining, Berg- oder Treppenläufe usw., bekam ich nichts zu hören, was meine Neugier nach dem wahren Hintergrund der kenianischen Laufwunder befriedigend befriedigte.

Wirklich hilfreiche Erklärungen bekam ich erst einige Jahre später von meinem niederländischen Onkel, der als Bildhauer fantastische Skulpturen aus Bronze herstellte, und von einem guten Freund, der Physiker war. Beide sahen sich meine Videoaufnahmen an und wir zerlegten die Bewegungen der Läufer in sämtliche Einzelteile. Schwerpunkt, Drehmoment und Schrittfrequenz waren dabei Begriffe, die wir immer wieder verwendeten. Das sind auch heute noch die drei wichtigsten Prinzipien der Lauf-Effizienz für mich.
Das richtige Drehmoment ist der Schlüssel zum ökonomischen und verletzungsfreien Laufen. Es verteilt die Belastung auf den gesamten Körper ab dem Moment, in dem der Fuß den Boden berührt.
Wenn du läufst, wirst du bemerken, dass deine Arme in entgegengesetzter Richtung zu deinen Beinen hin und her schwingen. Doch hast du jemals in dich hin-

Übung: Drehmoment

eingespürt, um zu fragen, woher die Bewegung der Arme stammt? Kommt die aus dem Schultergelenk oder aus der Schulter selbst? Vielleicht bewegt sich zuerst der Rumpf und dann die Arme? Jede Bewegung der Beine muss mit einer Gegenbewegung ausgeglichen werden. Das ist ein physikalisches Gesetz. Jedoch das WIE macht den Unterschied zwischen einem guten und einem schlechten Läufer.

Ein Test:

Um dies genau zu spüren, stehe auf und hebe das rechte Bein gestreckt nach oben, halte dabei beide Arme in Schulterhöhe zur Seite gestreckt. Jetzt versuche das rechte Bein ganz schnell ungefähr einen halben Meter nach links und wieder zurück zur Mitte zu bewegen. Wenn du aufmerksam bist, wirst du nun bemerken, dass der rechte Arm zurück und der linke Arm nach vorne schwingt, ohne dass du die Arme bewusst bewegst. Das bedeutet, dass die Armbewegung von der Beinbewegung ausgelöst wird.

Diese Gegenbewegung passiert genau so auch beim Laufen, nur bewegen sich dabei die Beine natürlich nicht seitlich, sondern vor- und rückwärts. Wir sollten versuchen, das Drehmoment, das die Beine auslösen, weiter durch den Körper zu leiten und es auf keinen Fall abbremsen, wie das sehr viele Läufer machen. Daraus resultieren nämlich Rückenprobleme und sogar Bandscheibenvorfälle! Zum Ausprobieren: Wirf einen Ball so weit du kannst. Beobachte, wie du das machst. Jetzt wirf ihn noch mal, diesmal isoliert nur mit dem Arm. Fliegt er genau so weit wie das erste Mal? Wahrscheinlich nicht. Das kommt daher, dass die meiste Kraft, die du besitzt, nicht allein aus dem Arm, sondern aus der Hüfte kommt. Deshalb wird beim Diskus- oder Speerwerfen die Kraft aus der Hüfte erzeugt. Das löst ein Drehmoment aus, das sich bis in die Hand ausbreitet. Genau das sollte sich jeder Läufer bewusst zunutze machen.

Beim Laufen gilt dasselbe Prinzip, nur für beide Seiten, rechts und links, abwechselnd. Klingt kompliziert, ist aber ganz einfach. Du musst zum Üben nur die Arme ausschalten, und der Körper ist gezwungen, einen anderen Ausgleich zu den Beinen zu finden.

In vielen Laufbüchern wird empfohlen, den Oberkörper beim Laufen so ruhig wie möglich zu halten und nur die Arme zu bewegen. Das ist ein großer Irrtum! Wenn du versuchst, beim Kraulen nur mit den Armen zu schwimmen, ohne dass der Oberkörper sich mitdreht, wirst du ertrinken!

Durch die folgenden Übungen bekommst du ein Gefühl für das natürliche Drehmoment, das die Arm- und Schultermuskulatur entspannt. Durch die Rumpfdrehung verhinderst du, dass sich der Schwerpunkt nach hinten verlagert.

Übung: Drehmoment

Umfasse hinter dem Rücken mit der linken Hand dein rechtes Handgelenk und laufe los.
Durch die eingeschränkte Bewegung der Arme wirst du gezwungen, die Schultern und den Rumpf verstärkt einzusetzen. Wenn du spürst, dass dein Becken bei jedem Schritt eine kleine Drehung macht, kannst du die Arme wieder in Laufposition anwinkeln und weiterlaufen.

Übung: Drehmoment

🎩 **Für die nächste Übung** solltest du barfuß laufen oder mit flachen, leichten Schuhen. Diesmal lege beide Hände auf deine Brust an den oberen Rippenbogen und laufe los. Du wirst bemerken, dass die Arme nichts tun müssen, weil der gesamte Rumpf bei jedem Schritt eine leichte Drehung macht. Lenke deine Aufmerksamkeit jetzt auf die Füße.

Erlaube der Außenkante deiner Füße den Boden zuerst zu berühren. Das richtige Drehmoment wird durch das Von-außen-nach-innen-Rollen der Fußsohlen ausgelöst. Es wird durch den Oberschenkel bis zum Becken, durch die Wirbelsäule hinauf bis zum Kopf weitergeleitet. Hier kommt es zu einer kleinen Gegendrehung in den oberen Wirbeln, weil man den Kopf gerade hält. Laufe weiter und nimm jetzt die Hände etwas von der Brust weg, aber halte sie weiter in Brusthöhe. Entspanne dich im Laufen und konzentriere dich nur auf den Impuls, der aus dem Boden kommt.

🎩 **Laufe und strecke deine Arme in den Himmel.** Versuche die Geschwindigkeit zu steigern, indem du dich auf jenen Arm und jene Schulter, die durch das Drehmoment zurückgezogen werden, konzentrierst. Sobald du Balance und Geschwindigkeit halten kannst, nimm die Hände angewinkelt in Laufposition und laufe weiter. Diese Übung, bei der das Drehmoment am deutlichsten zu spüren ist, solltest du immer wieder kurz einsetzen. So bist du sicher, dass dein Oberkörper nicht steif gehalten wird und sich die Bewegung möglichst gleichmäßig auf den gesamten Körper und alle Gelenke verteilen kann.

Die Aufrichtung

Übung: Aufrichtung

Diesen Läufer kennst du, vielleicht nicht persönlich, aber du hast ihn oft genug gesehen. Er ist wahrscheinlich der bekannteste Läufertyp und durch ihn wurden viele angehende Läufer gleich zu Anfang abgeschreckt.
„Das kann doch keinen Spaß machen, wie der läuft, sieht aus, als sitze er in einem Eimer", bekomme ich oft in den Seminaren zu hören. Tatsächlich ähnelt diese Laufhaltung der eines sitzenden Büromenschen. Als hätte er es nach einem langen Arbeitstag nicht geschafft, sich vollends aufzurichten, den Oberkörper und den Kopf zu erheben und selbstbewusst nach vorne zu blicken! Begleitet wird dieser Läufertyp meist von einem lauten Schnaufen und trampelnden Aufklatschen der Füße.

Wie bei jedem anderen Läufertyp, ist das Problem auch bei dem Krümmling gleich. Er weiß nicht, was er macht, wenn er läuft, weil er sich selbst dabei nicht beobachten kann. Er spürt seine Körperhaltung nicht, ist sich seiner Bewegungen, dem Zusammenspiel der Muskeln, des Skeletts und des gesamten Körpers, nicht bewusst.
Seien wir doch mal ehrlich. Kaum jemand unter uns hat auch nur die leiseste Ahnung, wie er läuft oder geht. Nicht einmal unsere Sitz- oder Stehhaltung ist uns, zumindest so lange nicht, bis Schmerzen eintreten, bewusst. Oder bis wir durch Zufall ein Foto von uns zu Gesicht bekommen, auf dem wir sehen, wie buckelig, schief oder verbogen unsere Haltung ist. Ab dann versuchen wir krampfhaft dagegenzuarbeiten, indem wir uns das andere Extrem einprägen.

Auch viele Experten aus medizinischen und sportlichen Bereichen vertreten immer noch die alte Einstellung, dass man den Laufstil nicht korrigieren sollte bzw. könnte und jeder Mensch naturgemäß optimal laufen kann. Dieser Meinung kann und will ich mich aufgrund meiner langjährigen Erfahrung, sowohl im Leistungssport wie auch in meinen vielen Laufseminaren, auf keinen Fall anschließen!
Es gibt leider in der gesamten Trainings- und sportlichen Beschäftigung ein großes Defizit im Wissen über Bewegungsabläufe und physikalische, körperliche Prinzipien. Im Allgemeinen wird versucht, dieses Manko mit der Aufmerksamkeit auf Trainingspläne, Pulsuhr und Laktat-Messungen auszugleichen. Eine korrekte Technik für jede sportliche Disziplin ist jedoch eine unerlässliche Basis,

Übung: Aufrichtung

auf der aufgebaut werden sollte. Wenn diese Basis fehlt oder in irgendeiner Weise fehlerhaft ist, kann man aus der besten Fitness niemals den optimalen Nutzen ziehen und sein Potenzial nicht ausschöpfen.

BioRunning hat zum Ziel, deine Wahrnehmung zu schulen, um auch bewusster laufen zu lernen. Deshalb solltest du auch mal falsche Bewegungen ausprobieren, um die richtigen dann besser spüren zu können.
Wenn ich im Seminar einen perfekten Laufstil vorzeige, kann das kaum jemand nachmachen, weil wir nicht wissen, wo unser Problem liegt. Diese mangelnde Bewusstheit in all unseren Bewegungen verhindert das identische Nachmachen.
Die einfachste und schnellste Methode, fehlerhafte Bewegungen schnell zu korrigieren, ist:
Das Falsche muss extrem übertrieben werden. Egal was du auf deinem Video siehst, wenn du läufst, übertreibe es noch mehr! Das kann eine X-Bein- oder O-Bein-Stellung sein, du kannst auf den Ballen oder den Fersen aufkommen, mit dem Oberkörper eigentlich hinter dir selbst herlaufen usw.
Mache eine Karikatur aus dir selbst. Das fühlt sich so komisch an, dass wirklich jeder spürt und weiß, was er machen sollte, um sich leichter zu bewegen.
Jeder Mensch bemerkt dabei sofort, was an Bewegungen ausgemerzt und was verstärkt eingesetzt werden sollte.

Je mehr unterschiedliche Laufstile du bewusst annehmen kannst, desto intensiver spürst du, welcher für dich der beste ist.
Werde wieder zum Kind, spiele, probiere mehrere aus und nimm dich selbst nicht zu ernst! Du kannst es auch machen wie ich auf einem langen Dauerlauf, das ist mein ganz persönliches Lieblingsspiel:
Schau dir einen entgegenkommenden Läufer ganz genau an und dann kopiere seine Merkmale so gut du kannst. Laufe eine Zeit lang auf diese Art und beobachte, was du dabei spürst. Besonders spannend ist das, wenn du auch versuchst, den Gesichtsausdruck nachzumachen. Ja, das ist erlaubt, denn es hilft dir, und dein Gefühl für den Körper wird dadurch verfeinert. Jede Person kann dazu beitragen, dass du dir bewusster wirst, egal ob es ein gutes oder schlechtes Beispiel ist.

Auf meinen Läufen denke ich oft noch an Jack Ralston, an die Zeit, als ich noch in Neuseeland lebte und die genialen, lustbetonten Trainings mit ihm in unserer Gruppe erlebte.
Er sagte uns vor jedem Lauf: *„Versucht euch 15 cm größer zu machen, wenn ihr lauft!"*

Diese Vorstellung gibt das Gefühl, stets aufgerichtet zu sein, und ermöglicht einen wesentlichen Vorsprung gegen die Schwerkraft.

Sich groß zu machen beim Laufen betonte auch Arthur Lydiard, der Lauf-Guru schlechthin. Und Bud Winter, wahrscheinlich der größte Sprinttrainer, den die Welt bislang gesehen. Percy Cerutty, der eigenwillige Trainer von Olympic Champion Herb Elliot, gab auch den Ratschlag, sich aus dem Becken aufzurichten. Jeder spürt, wenn er einen laufenden Krümmling sieht, dass dieser sich doch aufrichten sollte.

Übung: Aufrichtung

Fangen wir mal an:

Laufe und mache dich bewusst ganz klein. Stell dir vor, dass du auf einem Sessel sitzt. Lauf eine Zeit lang auf diese Art und beobachte, wie du dich fühlst. Du wirst wahrscheinlich auf den Fersen aufsetzen. Weil du knieweich läufst, wirst du innerhalb kürzester Zeit spüren, dass die Oberschenkel übermäßig arbeiten müssen, was viel zu viel Kraft verschwendet. Die Belastung der Knie steigt dabei enorm. Ein Merkmal eines Sitzläufers ist die stark ausgeprägte Oberschenkelmuskulatur.

Übung: Aufrichtung

Stell dir jetzt vor, dass an deiner Stirn ein Faden fixiert ist. Lasse dich von dem Faden nach vorne oben ziehen. Dabei richtest du dich auf und wirst automatisch schneller. Erhöhe die Schrittfrequenz und hebe deine Füße nach hinten oben, sodass du groß bleiben kannst. Komm nur kurz auf dem Mittelfuß auf und stelle dir vor, dass jedes Mal, wenn deine Füße den Boden berühren, du einen Zentimeter größer wirst.

Wechsle immer wieder zwischen dem gekrümmten Sitzläufer und dem großen Überflieger, um eine bessere Möglichkeit zu finden, schneller und mit weniger Krafteinsatz zu laufen.
Läufst du zu lange, fängst du an müde zu werden und wirst automatisch kleiner. Wenn das der Fall ist, bist du zu weit gelaufen! Der nächste Lauf sollte kürzer sein – und wichtig: Du musst aufhören solange du noch groß bist!

Die Schrittfrequenz

Übung: Schrittfrequenz

Wenn in meinen Seminaren die Gespräche auf die Schritte gelenkt werden, sprechen die meisten Teilnehmer über die Länge der Schritte. Viele glauben, ihre Schritte sind zu groß, andere denken, ihre sind zu klein. Wenn Menschen mit unterschiedlichen Geschwindigkeiten laufen, kann man auch die Schrittlänge nicht vergleichen. Was ist dann zu klein oder zu groß?

Das ist der entscheidende Punkt. Die Schrittfrequenz sollte immer gleich bleiben, egal wie schnell man läuft. Die Schrittlänge nimmt proportional zur Erhöhung der Laufgeschwindigkeit zu.
Das ist wohl einer der größten Lauffehler, die ich kenne, weil meiner Erfahrung nach ist die Erhöhung der Schrittzahl der schnellste Weg, leichter und ökonomischer zu laufen.
Der Bodenkontakt sollte so kurz wie möglich gehalten werden. Viele Seminarteilnehmer, die Überlastungs-Erscheinungen in Knie, Sprunggelenk, Hüfte oder Wirbelsäule hatten, waren durch die Erhöhung der Schrittfrequenz, wieder schmerzfrei.
Beobachte eine Herde laufender Tiere,: Wenn sie gemeinsam galoppieren, haben alle den gleichen Schritt-Rhythmus. Schau einer Gruppe kenianischer Langstrecken-Läufer beim Training zu: Du wirst sehen, dass auch sie denselben Takt haben. Beim Lauftreff in irgendeiner europäischen Stadt kann man sehen, dass jeder Läufer seine eigene Schrittfrequenz hat. Viele Lauf-Experten bezeichnen das als persönlichen Laufstil. Physikalisch richtig für ein effizientes Laufen ist aber, dass durch eine Erhöhung der Schrittfrequenz eine enorme Leistungssteigerung möglich ist.

Durch eine erhöhte Schrittfrequenz wird auch die Auf-und-ab-Bewegung reduziert und in eine Vorwärts-Bewegung umgesetzt. Dadurch werden die Bremskräfte, die das größte Verletzungsrisiko bei Läufern ausmachen, gesenkt.

Wenn ich meine Schrittfrequenz erhöhe, wie weiß ich, wann sie stimmt?
Es gibt eine optimale Zahl, nämlich 180 Schritte pro Minute. Marathon-Weltrekordhalter Haile Gebrselassie oder olympischer 10.000-Meter-Champion Kenenisa Bekele laufen auch in dieser Schrittfrequenz. Man könnte die Schritte von jedem Weltklasseläufer zählen. Es sind zwischen 176 und 186 Schritte. Kleine Kinder kommen auch auf eine ähnliche Zahl.
Wenn du nun denkst, dass es unmöglich sei, solch schnelle, kleine Schritte zu ma-

Übung: Schrittfrequenz

chen, weil das nur für Weltklasseläufer gilt, solltest du probieren, einen Walzer zu tanzen. Auch dabei macht man genau 180 Schritte pro Minute. Wenn es beim Tanzen geht, dann funktioniert es genauso gut beim Laufen. Der Trick ist nur, mit einem sehr langsamen Lauftempo und ganz kleinen Schritten anzufangen.

Zähle deine Schritte

Finde heraus, wie viele Schritte du machst, wenn du wie gewohnt läufst.
Nach 10 Minuten Einlaufen zähle eine Minute lang jedes Mal, wenn der rechte Fuß den Boden berührt und multipliziere die Anzahl mit zwei. Um die 180 oder mehr sollte es sein. Meiner Erfahrung nach machen die meisten Läufer um die 145 bis 165 Schritte pro Minute. Das ist viel zu wenig. Die Schritte und dadurch die Belastung auf den gesamten Bewegungsapparat, speziell auf die Knie, sind zu groß, und jeder Läufer sollte versuchen, in eine höhere Schrittfrequenz mit kleineren Schritten zu kommen. Dadurch ändert sich die Lauftechnik, aber das braucht ein bisschen Zeit zur Umgewöhnung.

Suche dir einen Platz, wo du ohne Schuhe laufen kannst, das ist leichter. Nimm eine Uhr und versuche auf dem Platz die Füße so schnell zu heben, dass du in 10 Sekunden 15 Bodenberührungen mit dem rechten Fuß zählen kannst. Multipliziere sie wieder mit zwei, ergibt also 30. Auf eine Minute multipliziert mit sechs, ergibt das genau 180 Schritte.

Erhöhe die Laufgeschwindigkeit *erst, wenn du dir diesen neuen Rhythmus gut eingeprägt hast. Um schneller zu werden, brauchst du dich nur ein wenig weiter nach vorne zu lehnen und die Füße etwas näher in Richtung Gesäß zu heben. Die Schwerkraft macht den Rest und schon fliegst du!*

> **Übung: Schrittfrequenz**

🐌 **Während du dich** an den neuen Rhythmus gewöhnst, lehne den Oberkörper mal nach hinten, dann wieder nach vorne. Du spürst, dass du vorwärts- oder rückwärtsläufst, nur durch Körperneigung. Du nützt die Schwer- statt der Muskelkraft. Konzentriere dich nur auf den Beat und halte diesen konstant.

🐌 **Der Fuß sollte flach** aufkommen. Wie schon geübt, solltest du kaum spüren, ob der Vorfuß oder die Ferse zuerst auftritt. Laufe so möglichst oft drinnen und draußen barfuß, bevor du wieder mit Schuhen deinen neuen Laufstil ausprobierst. Sobald du 10 Minuten mit dem 180-Schritt-Rhythmus laufen kannst, wechsle kurz zurück in deinen alten Laufrhythmus, um zu spüren, wie viel Zeit deine Füße tatsächlich am Boden verbringen. Eines sollte immer in Gedanken mitlaufen: Je länger deine Füße am Boden bleiben, desto mehr Zeit hast du, deine Knie zu schädigen. Wechsle sofort wieder zurück zu 180 Touren und versuche weiter so zu laufen.

Übung: Fußaufsatz

Der Fußaufsatz

Es gibt wahrscheinlich kaum ein anderes Laufthema, das in den letzten Jahren zu so vielen Kontroversen geführt hat, wie der richtige Fußaufsatz beim Laufen. Die alte, aber keinesfalls bewährte Methode, mit den Fersen aufzukommen und dann den Fuß nach vorne abzurollen, ist in den letzten Jahren von Laufexperten immer mehr infrage gestellt worden. Das führte dazu, dass man nun statt der Fersenlandung die Ballenlandung bevorzugen sollte. Vom Fersenläufer zum Vorfußläufer in kürzester Zeit! Propagiert wird der Ballenlauf, weil er angeblich natürlicher ist und weil er weniger belastend für den Bewegungsapparat als der Fersenlauf sein soll.

Die wirkliche Lösung liegt aber weder auf der Ferse noch auf dem Ballen, sondern nur auf der Betrachtungsweise, der Einstellung zum Thema: „Wie laufe ich effizient und natürlich?"

Der Fuß bekommt als ein kleiner Teil des gesamten Körpers nämlich viel zu viel Aufmerksamkeit. Leider führt diese Aufmerksamkeit aber nicht automatisch zu mehr Bewusstheit der Läufer für ihren Körper, sondern das Laufen wird reduziert auf die Frage: „Auf welchem Teil des Fußes soll ich landen?"

Die gesamte Körperhaltung beim Vorwärtslaufen wird dabei völlig außer Acht gelassen. Eigentlich müsste ich den meisten Läufern empfehlen, rückwärtszulaufen, weil diese Richtung ihrer Körperhaltung mehr entspräche. Wenn sie sich nur darauf konzentrieren, ob sie auf dem Vorfuß oder auf der Ferse landen, bleibt sicherlich das Problem bestehen, dass der Körperschwerpunkt hinter dem Fuß herhinkt. Oder man bleibt der Geh-Hüpfer, der bei jedem Schritt auf und ab hüpft, weil er einfach zu viel Zeit auf dem Fuß verbringt.

Dieses Dilemma lässt sich nur durch die Änderung des Körperschwerpunktes und die Erhöhung der Schrittfrequenz lösen und nicht durch die Position des Fußaufsatzes.

Man läuft ja nicht nur mit den Füßen, sondern auch auf den Füßen! Das bedeutet, dass man am effektivsten vorwärtskommt, wenn der Fuß genau unter dem Körperschwerpunkt aufsetzt. So wie Tiere und kleine Kinder das natürlicherweise und instinktiv machen, sie laufen perfekt.

Ich habe tausende Läufer am Video analysiert und stelle immer wieder fest, dass ein großer Teil der Laufprobleme durch die Schuhe verursacht werden und es oft nicht allein am Läufer liegt. Sobald ich Seminarteilnehmer gebeten habe, die gleiche Strecke ohne Schuhe zu laufen, hatten sie einen viel besseren Fußaufsatz. Ich will damit nicht sagen, dass alle, wenn sie keine Schuhe hätten, perfekt laufen könnten. Doch als Übung ist das Barfuß-Laufen nicht wegzudenken. Niemand wagt es dabei seinen Fuß so weit vor dem Körperschwerpunkt mit der Ferse aufzusetzen, wie mit gedämpften Schuhen – das tut nämlich sehr weh! In der Ferse gibt es keine Dämpfung, und diese Erkenntnis ist schon der halbe Weg zu einem erfolgreichen, effizienten Laufstil.

Übung: Fußaufsatz

Die Laufschuh-Industrie verkauft uns den Glauben, der Schuh sei das Wichtigste beim Laufen und nicht der Laufstil selbst. Es stimmt, dass der Laufschuh den Laufstil lenkt, jedoch eher in die falsche Richtung. Wer hat beim letzten Laufschuh-Kauf den Hinweis bekommen, die Schrittfrequenz zu erhöhen oder sein Gewicht mehr nach vorne zu verlagern? Es wird nur eingeschränkt der Fuß von allen Seiten betrachtet, um Fehlstellungen zu finden. Als würde der Fuß alleine und ohne uns laufen! Eine Analyse des Fußes ohne seine Zusammenarbeit mit dem gesamten Körper und ohne Haltungsanalyse ist völlig sinnlos, das bringt dem Käufer absolut nichts.

Der Fuß ist immer nur der Ausdruck des Zusammenspiels von allen Körperteilen.
Wenn der Fuß nicht optimal funktioniert, sollten wir lernen das System Körper besser zu verstehen und einzusetzen. Es ist nicht zielführend, schlechte Bewegungsgewohnheiten und daraus resultierende Probleme mit speziellen Schuhen zu unterstützen und sie dadurch weiter zu fördern!
Niemand wird ernsthaft behaupten, dass man schneller läuft mit gut gedämpften Schuhen oder dass diese insgesamt zu weniger Verletzungen führen. Eher das Gegenteil ist der Fall. Der stark gedämpfte Schuh verleitet zu großen Schritten, weil man den Aufprall der Ferse nicht mehr spürt. Das führt zu Zeitverlust durch Bremseinsatz bei jedem Schritt und in weiterer Folge zu Dauerschäden in den Gelenken. Warum wohl sind Wettkampfschuhe immer sehr leicht und haben eine flache Sohle, damit sie das gesamte Laufsystem möglichst gut unterstützen?

Ich möchte dich ermuntern, wieder zu spielen, um spüren zu lernen, wie die Füße am Boden aufsetzen und wie viel Zeit sie dadurch am Boden verbringen.

Übung: Fußaufsatz

Laufe auf dem Stand. Wie setzen die Füße am Boden auf? Zuerst die Ballen und dann die Fersen? Versuche die Füße möglichst flach auf dem Boden abzusetzen. Das bewirkt, dass du nicht so viel auf und ab hüpfst. Jetzt lehne den Oberkörper zuerst etwas zurück, sodass du ein paar Schritte rückwärtslaufen musst, um nicht umzufallen. Dann verlagere den Körperschwerpunkt nach vorne, sodass du einige kleine Schritte vorwärtsläufst. Wenn du nur daran denkst, die Füße schnell vom Boden zu heben statt dich auf den Fußaufsatz zu konzentrieren, wirst du bemerken, dass du nicht vorwärtsläufst, sondern vorwärtsfällst. Das ist der Trick! Jetzt kommen die Füße flach auf und die Bremskräfte werden verringert.

Versuche die Zehen stark hochzuziehen und große Schritte nach vorne zu machen. Übertreibe die Fersenlandung und lass die Schritte dadurch langsamer und holpriger werden. Laufe einige Minuten auf diese Art, um zu spüren, wie sich das auf die Knie und die Oberschenkel-Muskulatur auswirkt. Du wirst spüren, dass die langen Schritte den Körperschwerpunkt hinter den Fuß verlagern und die Bremskräfte in den Oberschenkeln und Knien erhöhen.

Wechsle wieder zu kleineren, flachen Schritten, indem du den Körperschwerpunkt wieder nach vorne verlagerst, und beobachte, wie du sofort schneller und leichter vorwärtskommst.

Übung: Fußaufsatz

Wechsle nun ins andere Extrem und ziehe die Zehenspitzen diesmal nach unten, sodass du auf dem Vorfuß landest. Laufe diesmal ein paar Minuten lang auf den Ballen und beobachte, wie sich das auf die Wadenmuskulatur auswirkt. Du wirst spüren, dass der Körperschwerpunkt stärker auf und ab hüpft, die Waden und die Achillessehnen dadurch noch mehr strapaziert werden. Auch dabei wird der Fuß zu weit vor dem Körperschwerpunkt aufgesetzt.

Wechsle wieder zum flachen Fußaufsatz und lehne den Oberkörper nach vorne. Denn die Vorwärtsneigung führt zur Beschleunigung. Achte immer auf das Anheben und Abdrücken der Füße und lass die Landung außer Acht.

Barfuß-Laufen

Den Füßen ihre Freiheit!

Barfuß zu laufen und zu gehen ist bei Weitem die beste Lauftechnik-Übung, die es gibt. Ohne das Barfuß-Laufen könnten meine Seminarteilnehmer niemals in zwei Tagen das mühelose Laufen erlernen. Deshalb empfehle ich auch, dass alle Läufer diese Übung so oft wie möglich machen. Mindestens einmal pro Woche muss man unten ohne gehen und laufen. Viele gesundheitliche Probleme von Füßen, Beinen, Rücken, ja sogar Kopfschmerzen, können durch regelmäßiges Barfuß-Gehen und -Laufen verschwinden. Die Durchblutung des gesamten Körpers wird dadurch verbessert, die Fußmuskulatur wird trainiert und alle Reflexzonen auf der Fußsohle aktiviert.

Es verbindet uns mit Mutter Erde und zwingt uns genauer hinzusehen, wo wir auftreten. Dadurch nehmen wir wieder feinfühliger die verschiedenen Bodenbeschaffenheiten wahr.

Suche dir einen schönen Rasen, weichen Waldweg oder einen Stadtpark und ziehe die Schuhe aus. Gehe und laufe barfuß, spüre wie der Boden sich anfühlt. Probiere das auch auf Sand, Asphalt und feinem Kies. Es dauert vielleicht eine Weile, aber deine Füße werden sich schon bald daran gewöhnen und sich auf den nächsten Auslauf freuen. Viel Spaß dabei!

Geistige Einstellung

Sieht man Menschen laufend, die sich eigentlich nur auf der Straße dahinschleppen, kann man dabei auch spüren, was diese Menschen denken. Ihre Körperhaltung ist der Ausdruck ihrer Gedanken: „Warum tue ich mir das an? Wie lange muss ich noch? Hoffentlich ist das bald vorbei!"
Diesen Menschen ist nicht bewusst, dass sie sich durch diese Art zu denken jede Chance darauf nehmen, dass das Laufen irgendwann ein schöner, befriedigender und entspannender Aspekt ihres Lebens wird. Ihre Zeit als Läufer ist begrenzt, denn niemand hat über längere Phasen Lust, sich derart zu quälen. Früher oder später hören diese Leute wieder damit auf und verwenden ihre Laufschuhe für die Gartenarbeit.
In vielen Fällen sind Schmerzen im Knie oder in den Hüften der erste Anlass, die Laufkarriere zu beenden. Das ist dann auch der so genannte Beweis, der oft unbewusst gesucht wird, um für das Laufen nicht geschaffen zu sein.

Laufe und stelle dir vor, dass du nicht laufen willst. Verstärke es, fühle dich müde und denke dabei, dass das Laufen das Allerletzte ist.
Spüre, wie deine Gedanken deine Körperhaltung beeinflussen und runterziehen. Das Laufen wird sich sehr beschwerlich anfühlen. Beobachte auch, dass diese Vorstellung deine Schrittfrequenz deutlich verlangsamt. Wie schwer fühlen sich die Beine an? Kannst du dir vorstellen, wie viel mehr Belastung deine Knie, Hüften und dein unterer Rücken abbekommen? Du hast keine Körperspannung mehr und hängst in den Seilen wie ein nasser Waschlappen. Du wirst auch bemerken, dass du sehr flach und schnell atmest. Was ist mit deinem Gesichtsausdruck? Der zeigt wahrscheinlich keine Begeisterung.
Übrigens, das wäre dann die einfachste Methode, deinen Körper zu ruinieren. Etwas zu tun ohne es zu wollen – egal was es ist!

Geistige Einstellung

Jetzt richte dich bewusst auf. Lass dich vom goldenen Faden auf deiner Stirn nach vorne und oben ziehen. Mache kleine Schritte und winkle deine Arme an. Atme langsam und tief durch die Nase ein und aus. Beobachte, wie sich das Gewicht deines Körpers beim Laufen verringert. Lasse dich von deinen Gedanken tragen. Schau um dich herum, wie schön die Umgebung ist und wie gut dir die frische Luft tut. Freue dich darüber und sei dankbar, dass du gesund bist und laufen darfst. Denke an etwas für dich besonders Schönes. Das kann die Liebe zu einem Menschen oder einem Tier sein, die Freude über ein Geschenk, das du bekommen oder gemacht hast. Der glutrote Sonnenuntergang oder der wunderschöne Vollmond im letzten Urlaub am Meer. Auch eine Blume, die sich gerade geöffnet hat und die herrlich duftet, sollte Grund genug sein, um dir ein Lächeln ins Gesicht zu zaubern.

Die Möglichkeiten zu deinem Glück und deiner Freude sind endlos!

Das Leben im Biorhythmus

Ich bin hier, um laut zu leben.
EMILE ZOLA

Rhythmus findet überall in der Schöpfung seinen Ausdruck. Phasen der Aktivität wechseln ab mit Phasen der Ruhe und Entspannung. Die Nacht folgt dem Tag und umgekehrt. Der Gezeitenrhythmus, die Mondphasen und die Jahreszeiten bilden die Grundlagen aller Rhythmen in der Natur und in unserem Körper. Unsere Physiologie verändert sich von Augenblick zu Augenblick.

Im Körper sind ständig Prozesse in unterschiedlichen Rhythmen im Gang. Unser Herzschlag, der Atemrhythmus und auch unsere inneren Organe wie Leber, Nieren, Magen, Darm, Milz und Lunge haben eine innere Uhr. Sie wechseln ihre Hauptaktivitäten im Zweistundentakt ab.
Rhythmus lässt sich nicht vermeiden. Ohne den gemeinsamen Rhythmus des Geschlechtsverkehrs und der Samenzellen unserer Eltern wären wir nicht entstanden.

In unserer zivilisierten Kultur wurde das eigene Rhythmusgefühl geschwächt. Das hat hauptsächlich damit zu tun, dass wir nicht mehr wie unsere Vorfahren nach dem Rhythmus des Tageslichtes leben. Durch die Erfindung der Glühbirne können wir die Nacht zum Tag machen. Wir bestimmen unser Leben nach der Uhrzeit, was unseren natürlichen Rhythmus aus dem Gleichgewicht bringt. Durchzechte Nächte bedeuten Stress für unser biologisches System. Durch Straßenlaternen erhellte Schlafzimmer beeinträchtigen die Melatonin-Ausschüttung – der Schlaf ist nicht mehr so tief und erholsam, wie er sein sollte. Wir spüren vielleicht auch noch, dass das Abendessen zu üppig war, und können deshalb schlecht schlafen. Spätestens am nächsten Tag haben wir unser Unwohlsein wieder vergessen und wiederholen dieses Verhalten erneut. Durch das Ausgrenzen des Rhythmus der Natur fällt uns das nicht weiter auf. Wird unser Verhalten zu einer Gewohnheit, sind wir schnell der Meinung, dass wir an Schlafstörungen und Verdauungsproblemen leiden. Genauso schnell sind Medikamente wie Schlafmittel und Säureblocker für den Magen zur Hand, die nur die

Biorhythmus

Symptome beseitigen. Betrachtet man die möglichen Nebenwirkungen, kann niemand mehr glauben, dass nur die Behandlung von besprochenen Symptomen eine Lösung darstellen kann. Finden wir jedoch zurück zu unserem biologischen Rhythmus, wecken wir das Potenzial all unserer Selbstheilungskräfte. Richten wir unser Leben und unsere Ernährung danach aus, verschwinden die meisten Störungen innerhalb von ein paar Wochen von selbst.

Es gibt bestimmte Tageszeiten, an denen es mehr oder weniger belastend für den Körper ist, physisch aktiv zu sein. Genauso wie es Zeiten gibt, zu denen unsere Nahrung am besten verdaut werden kann.

Unser Körper ist zwischen sechs und zehn Uhr morgens, genauso wie zwischen sechs und zehn Uhr abends „hypometabolisch". Das bedeutet, dass sich dein Stoffwechsel in seiner schwächsten Phase befindet. Das ist der schlechteste Zeitpunkt, viel zu essen. Um sechs Uhr wäre aber ein guter Zeitpunkt zum Meditieren. Die optimale Zeit, um eine Runde zu laufen, Yoga oder eine andere Art von Bewegung zu machen, ist in der Zeit zwischen sieben und neun, insbesondere wenn du Gewicht reduzieren willst.

Von zehn Uhr morgens bis zwei Uhr nachmittags ist das Feuer des Stoffwechsels, der Metabolismus, am höchsten. Da solltest du auch die größte und üppigste Mahlzeit des Tages zu dir nehmen. Jetzt kann dein Körper die Nahrung am besten verdauen und verwerten. Für körperliche Aktivitäten dagegen ist mittags die schlechteste Zeit.

Statistiken zeigen, dass Menschen, die nur in der Mittagspause laufen, ihre Bewegungseinheiten schneller wieder einstellen als diejenigen, die in der Früh oder am Abend zum Laufen kommen.

Wenn wir bestimmte Nahrungsmittel nicht vertragen, hat es nicht unbedingt immer mit der Speise an sich, sondern häufiger mit dem Zeitpunkt des Essens zu tun. Oder wie schnell wir sie verschlingen. Ein paar Stunden früher oder später können dabei einen sehr großen Unterschied machen. Besonders wenn wir langsam und in einer friedvollen, ruhigen Atmosphäre speisen.

Schon kleine Umstellungen in unserem Lebensrhythmus können große Auswirkungen auf unsere Vitalität und Energie für den Alltag darstellen.

Leben ist Rhythmus

Das Gefühl für Rhythmus ist in unserer mitteleuropäischen Kultur so gut wie ausgestorben. Unsere Art, körperliche Bewegungen, wie Gehen oder Laufen, auszuführen, aber auch wie wir Gartenarbeit verrichten oder Sport generell betreiben, hat mit Rhythmus nichts mehr zu tun. Unsere Bewegungen sind ruckartig und unkoordiniert, weil wir nicht in unserem Körper präsent sind. Laufen wir, halten wir unsere Hüften steif, bewegen die Schultern dabei nicht und schauen zu Boden. Tanzen im Rhythmus der Musik wird, wenn überhaupt, nur noch am Rande unseres Alltags am Samstag Abend in einer dunklen Diskothek betrieben.

Vergleichen wir unsere Bewegungen mit denen der Afrikaner, die auch bei der Verrichtung ihrer alltäglichen Beschäftigungen wie Gehen, Laufen oder Arbeiten immer tanzend wirken. In ihren Bewegungsabläufen und der Koordination wird sichtbar, dass sie ein anderes inneres Rhythmusgefühl besitzen als wir. Es drückt Lebensfreude, Leichtigkeit und Schönheit aus. Die meisten westlichen Menschen denken, dass das afrikanische Volk mit Rhythmus im Blut geboren wurde. Die Wahrheit aber ist, dass alle Menschen dieser Erde dasselbe Rhythmusgefühl in sich tragen. Es wird schon pränatal von der Atmung und dem Herzrhythmus unserer Mutter vorprogrammiert.

Der deutsche Vizemeister im 10.000-Meter-Lauf, Jochen Rückerl, ist von Wim ausgebildeter „Gentle Running Trainer" und trainiert regelmäßig in Kenia mit afrikanischen Spitzenläufern. Auf der holprigen 400-Meter-Runde dieser Erdbahn absolvierten sie das Tempotraining. Eines Tages kam ein Ziegenhirte, der direkt neben der Bahn seine Ziegen hütete, und fragte, ob er das Training mitmachen dürfte. In abgeschnittenen Gummistiefeln und bekleidet mit einem schweren Parka spulte der Hirte das Tempoprogramm von 12x1000 Metern gemeinsam mit den Top-Athleten ohne mit der Wimper zu zucken herunter. Anschließend nahm er, zwar etwas verschwitzt, aber ganz gelassen, seinen Hüterstock wieder in die Hand, bedankte sich herzlich und ging wieder zu seinen Ziegen.

Der große Unterschied zwischen beiden Kulturen ist, dass die rhythmusbetonten Afrikaner auch nach der Geburt weiter auf Rhythmusanpassung trainiert werden. Durch das monatelange Auf-dem-Rücken-der-Mutter-getragen-Werden sind die Kinder gezwungen, sich ihrem Rhythmus anzupassen. Egal ob Mama tanzt, Maisbrei stampft, Wasser trägt und dabei lange Strecken zu Fuß zurücklegt – immer ist das Kind im Rhythmus synchron. Kindliche Spiele mit Steinchen und Stöckchen werden immer im Takt zu diesen Rhythmen gespielt. Alle Kinder sind daher sehr früh mit verschiedenen Polyrhythmen konfrontiert, und sobald sie anfangen zu gehen und zu laufen, tanzen sie dabei.

Biorhythmus

Sehen wir uns im Vergleich Kinder in Europa an. Hier gibt es sehr viele verschiedene Geräte, um Kinder aufzubewahren. Die Auswahl ist groß: vom Gitterbett über den Laufstall, vom Liege- in den Hängesitz, Kinderwagen, Dreirad, Tretauto. Wenn das Baby Glück hat, wird es noch ab und zu im Rhythmus hin und her geschoben, um sich zu beruhigen. Vielleicht sitzen wir deshalb später so gern auf dem Fahrrad oder im Auto, weil es uns schon in die Wiege gelegt wurde. Doch das ist nur der Anfang. Langsam, aber sorgfältig werden wir durch Regeln geprägt und zur Bewegungslosigkeit trainiert. Wir verlernen und vergessen unseren inneren Rhythmus. Dafür lernen wir uns zu kontrollieren, um in der Erwachsenenwelt bestehen zu können. Unser wunderbarer lebendiger Körper, mit all seiner Energie und seinem unerschöpflichen Potenzial, wird eher zum Problem als zu einer unserer größten Ressourcen. Nicht einmal mehr zehn Prozent unserer gesamten körperlichen und geistigen Möglichkeiten werden von uns genützt. Wir können uns nicht mehr auf das Zentrum im Körper verlassen und viele psychologische Probleme manifestieren sich somatisch. Am Gang, im Laufen und in allen anderen Bewegungen werden sie sichtbar. Wir erkennen sie an einem Roboterähnlichen Laufstil, der oft an marschierende, streng kontrollierte Soldaten erinnert.

Biorhythmus

BioRunning zeigt einen Weg, unsere Synchronizität mit dem Rhythmus des Lebens wiederzuerlangen. Indem wir Bewegung auch im Rhythmus zu Musik in unseren Alltag integrieren, realisieren wir, dass es kein Leben ohne Rhythmus gibt. Das ganze Leben ist mit Rhythmen verbunden, wenn wir sprechen, schreiben, Ski fahren, gehen, laufen, staubsaugen oder Rasen mähen, alles machen wir im Rhythmus. Wir müssen nur unsere Bewusstheit in allem was wir tun wieder darauf lenken. Dann werden Musik und Rhythmus zu einem Teil, der uns das Leben erleichtert und uns fröhlich stimmt.

Musik birgt auch eine der einfachsten Möglichkeiten, unsere biologischen Rhythmen wiederherzustellen. Hörst du Musik, die dir Freude bereitet, bewegst du dich im Rhythmus dazu, singst du die Texte oder summst du die Melodie mit, erzeugt die Apotheke des Körpers im Gehirn sofort heilende Neuropeptide für dich. Sie beeinflussen deinen Herzschlag, die Gehirnströme, den Blutdruck und die Magen- und Darmkontraktionen positiv. Alle deine Selbstheilungskräfte werden damit mobilisiert.

In meinen Laufseminaren lernen alle Teilnehmer den Laufrhythmus, indem ich zu den Schritten singe. Oft noch Jahre nach dem Seminarbesuch erzählen mir die Menschen, dass sie meinen Tapa-Tapa-Tapa-Gesang noch immer in den Ohren haben. Leichtes Laufen ist nur eine Frage des richtigen Musikrhythmus. Genauso wie schwerfälliges Laufen einen zu langsamen Rhythmus zur Ursache hat.

Laufen ist Musik mit verschiedenen Polyrhythmen aus der Bewegung der Füße, der Schultern und der Hände. Tägliches Laufen als rhythmischer Tanz in der freien Natur verbindet uns wieder mit dem Biorhythmus des Universums. Unser natürlicher Zustand kehrt in uns zurück, wir fühlen uns leicht und glücklich, wenn nicht sogar euphorisch!

Die Feldenkrais-Methode

*Wir wollen das Unmögliche möglich machen,
das Mögliche leicht, und das Leichte noch leichter,
eleganter und ästhetischer.*

DR. MOSHÉ FELDENKRAIS

In meiner Kindheit wollte ich immer nur eines – laufen. Schnell zu laufen gab mir das Gefühl, völlig frei zu sein, so als könnte ich fliegen. Mich faszinierte alles, was nur irgendwie mit dem Laufen zu tun hatte. In der Schulzeit las ich alle Bücher von Neuseelands großen Läufern wie Peter Snell, Murry Halberg und John Walker. Ich trainierte nach den Plänen von Arthur Lydiard und Jack Ralston und begriff sehr früh, wie wichtig es war, sich durch lange, langsame Läufe eine gute Grundausdauer zu schaffen. Schon damals war ich konfrontiert mit der Entwicklung einer guten Lauftechnik. Ein Läufer braucht lange, elastische Muskeln wie ein Balletttänzer. Deswegen liefen

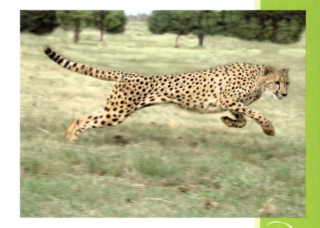

wir auf Sand-Dünen und machten Hügel-Sprünge bergauf. Ich fühlte mich kraftvoller und schneller denn je, aber ich wollte mehr. Mein Ziel war es, vollkommen mühelos wie ein Gepard zu laufen. Gelingen kann das nur auf eine Weise: Selbst genau zu spüren, wie der Körper sich bewegt und wie alle Teile des gesamten Körpers zusammenspielen. Unsere Muskeln brauchen wir, um unser Skelett zu bewegen. Konzentriert man sich aber ausschließlich auf die Muskeln, dann beurteilt man Bewegung durch die gefühlte Muskelanspannung. Diese Spannung wird grundsätzlich größer sein, als es angemessen wäre. Das Skelett jedoch sollte die meiste Aufmerksamkeit bekommen, weil es bewegt werden muss, nicht der Muskel. Bewegen wir unser Skelett differenziert, ökonomisch und mit optimalen Hebeln, sparen wir sehr viel an Muskelkraft.

Feldenkrais-Methode

Spürst du, wo deine Schulterblätter sind und welche Möglichkeiten du hast, sie zu bewegen? Wenn ja, dann sind deine Arme freier und leichter zu bewegen, so als würdest du sie nicht spüren. Es fällt auch leichter die Beine zu bewegen, wenn du exakt weißt, wo deine Hüftgelenke sind. Wir haben zwar eine ungefähre Vorstellung davon, ob unser Körper gebeugt oder gestreckt ist, ob unsere Knie angewinkelt oder gerade sind. Flexibler und gelöster können wir uns nur bewegen, wenn unsere innere Landkarte detaillierter und klarer wird.

Unser subjektives Körperbild ist die Vorstellung vom eigenen Körper, wie ihn die einzelnen Organe des kinästhetischen Systems, des Körperwahrnehmungssystems, melden.

In jedem Moment unseres Lebens ist also der gesamte Körper mit sämtlichen

Feldenkrais-Methode

Gelenkstellungen, Muskelspannungen, Bewegungen und Veränderungen im Gehirn repräsentiert. Sogar während des Schlafes erwachen wir bei jedem Umdrehen leicht, um uns zu orientieren, wie und wo wir liegen. Ohne diese kurze Kontrolle würden wir öfter aus dem Bett fallen. Dieses Bewusstsein ist für jede sinnvolle Handlung nötig. Würden wir unseren Körper nur als unförmige Masse empfinden, könnten wir keine Handlung differenziert ausführen. Verbessern wir unsere Wahrnehmung, dann verringern wir den Kraftaufwand. Zu viel Muskelkraft einzusetzen bedeutet immer, dass wir nicht spüren, wie wir uns leichter bewegen können.

Mein Vater brachte mich, schon als ich noch sehr jung war, in Kontakt mit der Feldenkrais-Lehre. Er ist Physiotherapeut und absolvierte die Feldenkrais-Ausbildung in Australien. Von ihm bekam ich viele Tipps und er brachte mich dazu, mit meiner Lauftechnik mehr zu experimentieren. Mit dreizehn Jahren besuchte ich mein erstes Feldenkrais-Seminar. Auch wenn ich bei Weitem der Jüngste war, hat mich die Methode in ihren Bann gezogen. Ich entschied mich dafür, die Ausbildung in Amerika zu machen, sobald ich alt genug für die Aufnahme war. Seit 1989 praktiziere ich die Feldenkrais-Methode und habe damit erforscht, wie ich beim Laufen nicht mehr müde werde. Ich habe unendlich viele Ressourcen zur Verfügung, wie ich auf die geringste Anstrengung reagieren kann, indem ich die Aufmerksamkeit einfach auf andere Körperteile lenke. Die Leichtigkeit kehrt von selbst wieder zurück.

Ein differenziertes Körperbewusstsein ist die Voraussetzung für funktionelles Bewegen, ökonomisches Handeln und ein Mittel zur Selbsterkenntnis in physischer und psychischer Hinsicht.
Durch Experimentieren mit verschiedenen Möglichkeiten und Variationen der individuellen Bewegungsmuster und Reaktionsweisen wird das Verhaltens- und Bewegungsrepertoire erweitert.
Spielerisch leicht verbessert sich so das Körpergefühl, unsere Bewegungen werden flexibler und koordinierter.
Jahrelang anhaltende chronische oder auch akute Schmerzen und Verspannungen lösen sich dadurch, man fühlt sich insgesamt lockerer und gelöster.

Diese Methode entwickelte Dr. Moshé Feldenkrais (1904–1984), ein genialer, israelischer Physiker und Bewegungslehrer. Er beschäftigte sich mit der Erforschung von Biomechanik, Neurophysiologie und Verhaltenspsychologie. Sein Ziel war es, Menschen zu helfen, die Intelligenz ihres Körpers zu nutzen, indem sie die Zusammenhänge zwischen Denken, Fühlen und Bewegung physisch erfühlen. **Er entwickelte zwei Facetten seiner Methode:**

Funktionale Integration: Das ist Einzelunterricht für Menschen mit speziellen Beschwerden. Meistens liegend auf einem Feldenkrais-Tisch, bewegt der Lehrer mit seinen Händen den Klienten sanft und langsam. Das Ergebnis ist ein entspannter, gelockerter Körper, der auch in Harmonie und Einklang mit dem Geist gebracht wird.

Bewusstheit durch Bewegung: Ein Gruppenunterricht, der entwickelt wurde, um vielen Menschen gleichzeitig die Möglichkeit zu geben, von der Methode profitieren zu können. Wie in Seminaren oder Kursen.
Du kannst dir den Unterricht so vorstellen, dass der Feldenkrais-Lehrer durch seine Wortwahl oder die Berührung seiner Hände deine Aufmerksamkeit an die Stelle lenkt, an der du selbst normalerweise wenig Bewusstheit hast. Dadurch wird diese erweiterte Bewusstheit integriert und ein neuer Teil deines Lebens. Es gibt hunderte Lektionen, die die Funktionalität des gesamten Körpers verbessern, um das Selbstbild zu vervollständigen.

Das geniale Gehirn

Bewegen wir Teile unseres Körpers nicht mehr, schrumpft die dafür im Hirn angelegte Kortikale Karte. Nachdem ein Arm wochenlang bewegungslos im Gips verkümmert, schwinden nicht nur seine Muskeln, sondern auch seine Feinmotorik geht verloren. Sie kommt durch die Bewegung der Hand allerdings wieder zurück und kann wieder trainiert werden. Das Gehirn ist einer ständigen Veränderung unterworfen. Gehirnzellen sterben ab oder erneuern sich, je nachdem, wie wir unseren Körper benützen.

Unsere Merkfähigkeit verbessert sich signifikant, wenn wir statt der gewohnten rechten Hand öfters, die linke benützen. Mache nicht täglich, was du schon kannst, tue etwas anderes als gewohnt. Bringe frische Farbe in dein Leben. Das gibt dem Gehirn neue Reize und Impulse. So bleibt dein Gehirn jung und du auch.

Unsere Wirbelkette

Viele Menschen haben immer öfter Probleme mit ihrer Wirbelsäule. Die deutsche Sprache gibt uns für diesen Körperteil eine völlig falsche Interpretation, die zu einem der größten Missverständnisse über unseren Körperbau geführt hat. In meiner Vorstellung ist eine Säule etwas Gerades und sehr Starres. Diese darf sich auf keinen Fall bewegen, Flexibilität ist verboten. Ganz im Gegensatz zur menschlichen Wirbelsäule, die sich bewegen muss, um nicht zu erkranken. Allein aufgrund dieser Tatsache kann der Name „Säule" nicht gerechtfertigt sein. In Wahrheit ähnelt sie mehr einer starken Kette mit 24 beweglichen Gliedern.
Das Rückgrat ist in einer S-Form gebogen, um uns im dynamischen Gleichgewicht zu halten. Diese Wirbelkette verbindet das Becken mit dem Kopf und hat die Fähigkeit, sich vorwärts und seitlich zu biegen, nach hinten zu strecken und in sich zu drehen. Sie ist ein absolutes Meisterwerk der Konstruktion.

Um dem Namen „Säule" alle Ehre zu machen und tatsächlich zu erstarren, erledigt unsere Erziehung noch ein Weiteres. Der Anspruch, sich beim Sitzen, Stehen und Gehen möglichst gerade und steif zu halten, produziert Bandscheibenvorfälle und andere Erkrankungen am Bewegungsapparat.
Gerade beim Gehen und Laufen aber spielt unsere Wirbelkette eine sehr große Rolle. Insbesondere auf unebenen Böden kann sie die gesamte Gestalt der menschlichen Struktur mühelos ausgleichen. Dadurch wird unser Gleichgewicht gewährleistet. Aber auch auf ebenem Gelände verteilt die Wirbelkette die Belastungen über das gesamte Skelett, vorausgesetzt, sie wird nicht als Säule steif gehalten. Bei länger andauernden Fehlhaltungen können eine große Anzahl an Beschwerden im gesamten Körper ausgelöst werden.

Besonders beim Stiegensteigen oder Berglaufen übernimmt eine flexible Wirbelkette große Lasten von den Knien und erleichtert dadurch die Bewegungen.

Die Praxis zu mehr Körperbewusstheit

Bewegung ist Leben, und die Qualität der Bewegung eines Menschen zeigt auch die Qualität seines Lebens.
MOSHÉ FELDENKRAIS

Die folgenden Kapitel sind Bewegungslektionen, die dir helfen, verschiedene Zusammenhänge deiner Körperteile in Bewegung bewusster wahrzunehmen. Sie bewirken, dass das Laufen flüssiger, schonender und harmonischer wird.
Die Lektionen werden zuerst am Boden ausgeführt, weil hier der Einfluss der Schwerkraft auf deinen Körper am geringsten ist. Das ermöglicht dir, alle Streckmuskeln, die dich normalerweise im Sitzen oder Stehen aufrecht halten, zu entspannen. Das Liegen dient noch einem weiteren guten Zweck: Durch die Berührung mit dem Boden spürst du besser, wie sich die Bewegungen auf andere Bereiche deines Körpers auswirken.
Die Bewegungsabläufe sind teilweise zerlegte Laufbewegungen, die direkt in den Laufstil integriert werden können. Die meisten Übungen reduzieren die Grundspannung der Streckmuskeln im Rücken.
Diese Bewegungen solltest du nicht wie Gymnastikübungen ausführen. Hier geht es mehr darum, bewusst neue Zusammenhänge des Körpers sanft zu erfühlen, um sie dann in eine neue Art von Laufen zu integrieren.

Bevor du mit den Lektionen beginnst:

- *Suche dir einen ruhigen, warmen Platz auf dem Fußboden, der groß genug ist, um im Liegen die Arme und Beine nach allen Seiten strecken zu können. Es sollten keine Objekte deinen Bewegungskreis einschränken.*
- *Benütze eine weiche Wolldecke als Unterlage.*
- *Ziehe bequeme Kleidung an, die dir volle Bewegungsfreiheit ermöglicht.*
- *Sorge dafür, dass du für jede Lektion ungestört eine halbe bis eine Stunde Zeit hast.*

- *Führe die Bewegungen langsam und leicht aus. Lenke deine Aufmerksamkeit immer wieder auf andere Teile deines Körpers.*
- *Wiederhole jede Bewegung langsam bis zu 20-mal. Diese Zeit braucht der Körper, um die Bewegungen zu absorbieren.*
- *Mache genügend Pausen zwischen den einzelnen Bewegungen, um nachzuspüren, welchen Effekt sie auf dich haben.*
- *Beobachte bewusst, dass deine Atmung während der Bewegungen ungehindert weiterfließt. Wenn du bemerkst, dass du die Atmung anhältst, mache eine Pause oder reduziere den Bewegungsumfang, bis du wieder ruhig atmest.*

Druckimpuls – Der Abdruck des Fußes

Alles, was die menschlichen Kräfte vergrößert, was dem Menschen zeigt, dass er Dinge tun kann, die er nie für möglich gehalten hätte, ist von großem Wert.
BEN JONSON

Viele Menschen gehen und laufen nach dem Bewegungskonzept, einen Fuß vor den anderen zu stellen. Dieses Muster bewirkt, dass der Körperschwerpunkt immer hinter dem auftretenden Fuß bleibt. In dieser Lektion wirst du lernen zu spüren, wie der Fuß, der abdrückt, den Körperschwerpunkt nach vorne schiebt. Durch diesen Druckimpuls wird eine Drehung im Körper ausgelöst, die durch das Becken, die gesamte Länge der Wirbelkette hinauf bis zum Kopf geleitet wird. Die Arme bekommen das Gefühl, von einer unsichtbaren Kraft bewegt zu werden. Das ist einer der Schlüssel zum kinderleichten Laufen.

Lege dich auf deinen Rücken und beuge das linke Knie, sodass der linke Fuß auf dem Boden aufgestellt ist. Bewege nun mit dem Gewicht des Beines dein Knie ein wenig nach rechts und zurück zur Mitte. Versuche jedes Mal die Bewegung etwas zu vergrößern, bis du spürst, wie das Becken auch anfängt mitzurollen. Damit das möglich ist, muss sich der linke Fuß leicht vom Boden abdrücken. Lasse die Bewegung langsam durch deinen ganzen Körper hinauf in Richtung deiner linken Schulter und Kopf weitergehen. Sei durchlässig und fühle die Bewegung durch dich fließen.

Druckimpuls

🎩 **Hebe den linken, gestreckten Arm** und zeige mit der Hand hinauf zur Decke, während das linke, angewinkelte Bein nach rechts kippt. Das bewirkt, dass du nach rechts rollst. Jedes Mal, wenn du dich wieder zurückrollen lässt, erlaube zuerst deiner Hüfte, dann erst der Schulter zum Boden zurückzukehren.
Beim nächsten Mal lasse zuerst die Schulter zum Boden gleiten und danach die Hüfte. Wechsle zwischen den beiden Varianten ab.

🎩 **Lege dich nun auf die rechte Seite,** dein rechter Arm liegt gestreckt vor dir. Der linke Arm liegt angewinkelt, locker auf der linken Körperseite. Fange langsam an, die linke Hüfte vor und zurück zu bewegen, bis du spürst, dass der ganze Körper an der Bewegung beteiligt ist. Der gesamte Körper und auch der Kopf rollt mit. Setze den linken Fuß auf den Boden und bewege das linke Knie weiter nach links außen. Das zieht den gesamten Körper zurück in die Ausgangsposition, bis du wieder auf dem Rücken liegst. Lasse dann dein linkes Knie wieder nach rechts kippen, bis du auf der rechten Seite angekommen bist. Spüre bewusst, wie die Bewegungs-Impulse aus der Hüfte dich mit so wenig Kraftaufwand wie möglich vor- und zurückrollen lassen. Die Bewegungen sollen sich sehr leicht und flüssig anfühlen.

Druckimpuls

🐚 **Wiederhole die Bewegung** diesmal mit dem gestreckten, linken Bein. Drehe das Bein weit nach innen, um einen Impuls auszulösen, der durch den Rest deines Körpers durchfließt, bis du auf der rechten Seite liegst. Kannst du dir vorstellen, wie sich diese Bewegung beim Gehen anfühlen könnte? Versuche sie leicht und schnell auszuführen. Dann lege eine Pause ein.

🐚 **Gehe ein wenig im Raum umher** und spüre, wie das nach hinten bewegte, linke Bein dasselbe Dreh-Moment auslöst, um die linke Schulter samt Arm leicht nach vorne zu schlenkern. Du wirst jetzt automatisch kräftiger mit dem Ballen des linken Fußes abdrücken und ein Gefühl von Hinken bekommen. Versuche auf dem Drehpunkt zwischen der großen und der zweiten Zehe abzudrücken.

Nun solltest du auch alle diese Bewegungen mit dem rechten Bein ausführen und sie danach genau so im Gehen umsetzen, wie du das mit dem linken Bein getan hast. Den Druck-Impuls beim Laufen spürst du am leichtesten, wenn du die Hände auf die Brust legst. Du kannst dabei fühlen, wie das Dreh-Moment von der Hüfte aus durch den gesamten Rumpf weiterfließt. Bei dieser Bewegung ist es nicht mehr notwendig, die Arme so stark einzusetzen.

Zugimpuls – Das Anziehen des Beines

*Der Mensch ist nicht die Summe dessen,
was er hat,
sondern die Gesamtheit dessen,
was er noch nicht hat,
dessen, was er haben könnte.*
JEAN-PAUL SARTRE

In dieser Lektion wirst du spüren, dass es auch möglich ist, mit dem sich anziehenden Bein, also dem Bein, das sich nach vorne bewegt, einen Dreh-Impuls auszulösen. Gehen und Laufen wird dadurch schonender, weil du immer wieder zwischen dem Fuß, den du aktiv drückst, und dem Fuß, den du aktiv anziehst, abwechseln kannst. Viele Läufer sind gepeinigt von Krämpfen in der Wadenmuskulatur, weil sie zu kräftig mit dem Ballen abstoßen. Durch eine stärkere Betonung bzw. mehr Aufmerksamkeit auf das Anziehen der Füße wird der Wadeneinsatz reduziert.

Lege dich auf deine rechte Seite, beide Knie sind angewinkelt. Das linke Knie ist ein wenig nach hinten versetzt. Fange langsam an, in Richtung Rückenlage zu rollen, indem du das rechte Bein den Boden entlangrutscht, bis es ausgestreckt liegt. Du rollst aufgrund des Streckens des rechten Beins auf den Rücken. Entspanne dich. Versuche durch das Anziehen des rechten Beines wieder zurück auf die rechte Seite zu kommen.

Zugimpuls

🎩 **Lege dich auf die rechte Seite** und strecke das linke Bein etwas hinter dir aus. Du wirst dich dabei mit der Innenseite der linken Ferse abstützen, um zu verhindern, dass du in die Rückenlage zurückfällst.
Langsam gleite mit dem rechten Bein den Boden entlang nach unten, bis du zurück auf deinen Rücken rollst. Jetzt müsstest du entspannt und mit gestreckten Beinen flach liegen. Versuche nun, durch das Anziehen des rechten Beins auf die rechte Seite zu rollen. Du wirst wahrscheinlich ein wenig die Innenseite der linken Ferse in den Boden drücken, um einen Impuls auszulösen. Probiere eher das rechte, anziehende Bein dafür zu nutzen. Mache diese Bewegungen unterschiedlich schnell. Der ganze Körper wird fließend mitbewegt wie bei einer Kettenreaktion, die dich erfasst.

🎩 **Lege dich auf deinen Rücken,** beide Knie sind angewinkelt, die Füße aufgestellt. Hebe den rechten Fuß langsam ein wenig vom Boden. Verlagere das Gewicht des Beckens nach rechts. Sobald du den Fuß wieder auf den Boden setzt, beobachte wie das Becken zurück zur Mitte rollt.
Mache die Bewegung jetzt abwechselnd mit dem rechten und dem linken Fuß, indem das Becken mitrollt. Mit ge-

schlossenen Augen kannst du besser spüren, wie das Anziehen des Fußes einen Impuls auslöst.

Zugimpuls

Stehe auf und lege die Hände auf die Hüften. Hebe das rechte Knie in die Höhe und versuche dabei, den Körper nach rechts zu drehen. Du kannst kräftig mit dem linken Fuß auf den Boden drücken, um das Knie höher zu heben. Du benützt den Drehpunkt auf dem Ballen des linken Fußes, um das linke Bein nach innen zu drehen.

Gehe jetzt auf diese Weise ein paar Schritte vorwärts und achte auf den Punkt, auf dem du den linken Fuß drehst. Er sollte zwischen der großen und der zweiten Zehe liegen. Das ist der richtige Drehpunkt. Präge dir diese Bewegung eine Weile ein, bevor du wieder normal gehst. Du solltest aber noch immer diesen kräftigen Abdruck spüren können. Die Verbindung zwischen dem Abdruck des linken Fußes und dem Anziehen des rechten Knies ist der Schlüssel, um das Drehmoment am effektivsten auszulösen. Besonders wenn du auf Berge läufst oder Treppen steigst. Übertreibe diese Bewegungen, damit du sie deutlicher spüren kannst.

Aktivierung der Rücken- und Gesäßmuskulatur

*Statt Fehler zu vermeiden, verwende sie lieber absichtlich.
Als Alternative für das, was du zunächst als richtig empfindest.
Es könnte sein, dass Richtig und Falsch bald die Rollen tauschen.*

DR. MOSHÉ FELDENKRAIS

Die Muskulatur im Lendenbereich des Rückens und des Gesäßes gehört zu den stärksten Muskeln, über die wir verfügen. Sie sind Streckmuskeln, die dich gegen die Schwerkraft aufrecht halten. Sie kontrahieren langsam und sind wesentlich ausdauernder als die Beugemuskeln, die hauptsächlich an der Vorderseite des Körpers angeordnet sind, wie zum Beispiel die Bauchmuskeln. Die Streckmuskeln werden kaum müde. Setzen wir diese Muskeln beim Gehen und Laufen bewusster ein, helfen sie uns, ausdauernder und aufrechter zu bleiben. Auch die Zusammenhänge zwischen Schultern und Hüften können durch deren Einsatz besser koordiniert werden.

Lege dich auf deinen Bauch, beide Arme sind nach oben angewinkelt. Lege die Hände unter deinen Kopf, der nach rechts gedreht ist. Beide Hände liegen aufeinander, die rechte Hand ist oben. Hebe nun langsam den rechten Arm samt deinem Kopf ein wenig vom Boden auf. Was passiert im Rücken, während du das machst? Wie anstrengend ist diese Bewegung für dich? Jetzt lege den gestreckten, linken Arm am Boden nach oben und hebe wieder den rechten Arm samt Kopf vom Boden auf. Wenn du den Ellbogen weiter nach oben in Richtung Decke ziehst, spürst du, wie der Körper anfängt zu rollen. Schau auch mit den Augen nach oben zur Decke. Dann gönne dir eine Pause.

Beide Arme sind wieder angewinkelt wie in der Ausgangsposition, der Kopf ist nach rechts gedreht. Spanne nun die linke Gesäßhälfte an und lasse sie wieder los. Mache es bei jeder Wiederholung ein wenig stärker und beobachte, wie diese Anspannung deinen linken Oberschenkel vom Boden weghebt.
Als Nächstes hebe bewusst das linke Bein ein wenig vom Boden hoch. Spüre, wie sich dabei die linke Gesäßhälfte mehr anspannt. Wiederhole diese Bewegung zehnmal und halte immer wieder kurz das Bein gestreckt in der Luft.
Und wieder eine Pause einlegen.

Aktivierung der Rücken- und Gesäßmuskulatur

Hebe nun nochmals den rechten Arm samt Kopf und beobachte dabei, wie sich das linke Bein selbstständig dazu erhebt. Wiederhole auch diese Bewegung zehnmal und versuche die Verbindung zwischen der rechten Schulter und dem linken Bein genau zu spüren. Wenn du die Drehung vergrößern möchtest, kannst du das rechte Knie ein wenig anziehen, indem du das Bein über den Boden zu dir gleiten lässt. Gönne dir eine Pause.

Stehe auf, lege die linke Hand auf die linke Pobacke und gehe ein paar Schritte im Raum. Spannst du die aktive, linke Gesäßhälfte ein wenig mehr an, während du das linke Bein nach hinten streckst, dann drückst du dich automatisch kräftiger von deinem Drehpunkt am Fuß ab. Winkle beide Arme an, so als würdest du laufen, und ziehe dabei den rechten Ellbogen kräftig nach hinten. Übertreibe die Verbindung zwischen der linken Gesäßhälfte und dem zurückziehenden, rechten Ellbogen.

Aktivierung der Rücken- und Gesäßmuskulatur

Vollziehe nun die gleichen Bewegungen mit der anderen, rechten Gesäßhälfte und dem linken Arm inklusive Kopf, bis die Verbindung auch auf dieser Seite deutlich zu spüren ist. Bewege danach abwechselnd die rechte und die linke Seite. Achte auf das Gefühl der wechselnden Anspannung der linken und rechten Gesäßhälfte, die die Bewegung in den Schultern auslöst.

Stehe auf und halte mit der rechten Hand deine rechte Gesäßhälfte und mit der linken Hand deine linke Gesäßhälfte. Gehe ein wenig umher und spanne abwechselnd die Pobacken an. Spüre, wie du damit automatisch einen kraftvollen, selbstbewussten Gang bekommst. Spannst du die Gesäßhälften kürzer und schneller an, wirst du mühelos schneller gehen. Winkle nun die Arme wieder an und ziehe die Ellbogen nach hinten. Dieser Zug hat eine direkte Verbindung mit den Gesäßhälften. Versuche auch ein paar Schritte zu laufen und beobachte, wie gestreckt du dich jetzt fühlst. Jetzt kannst du dir nochmals eine Pause gönnen. Bewege danach abwechselnd die rechte und die linke Seite. Achte auf das Gefühl der wechselnden Anspannung der linken und rechten Gesäßhälfte, die die Bewegung in den Schultern auslöst.

Verlängerung der Rückenmuskulatur

*Suche nicht nach Fehlern,
suche nach Lösungen.*
HENRY FORD

Durch ständiges Sitzen, Stehen, Gehen und auch beim Laufen geben wir den Rückenmuskeln selten Gelegenheit, wieder zu einem normalen Tonus (Muskelspannung) zurückzugelangen. Das bedeutet, dass dieser Bereich bei vielen Menschen ständig angespannt ist. Das ist auch ein Grund dafür, dass diese Menschen sich beim Stehen und auch beim Laufen meist in Rücklage halten. Ein angespannter Muskel kann erst wieder Dienste leisten, wenn er entspannt wird. Auch einfaches Liegen und sich sozusagen „entspannen" ändert meist nichts an dem Tonus der Rückenmuskeln. Die werden einfach nicht so schnell müde. Vielen Menschen ist es gar nicht mehr möglich, mit ausgestreckten Beinen flach am Boden zu liegen, weil ihnen die Verspannungen im Rücken zu große Schmerzen bereiten. Erst wenn sie ihre Beine anwinkeln und die Füße aufstellen, fühlen sie sich wohler. Sobald nämlich der gesamte Rücken Kontakt mit dem Boden hat, entsteht kein Zug mehr im Lendenbereich.

In dieser Lektion werden wir die Spannung der Rückenmuskulatur reduzieren, indem wir sie dazu zwingen, ihre Arbeit kurz einzustellen. Um das zu erreichen, müssen wir die Beugemuskeln an der Vorderseite des Körpers aktivieren.

Verlängerung der Rückenmuskulatur

🌀 **Lege dich auf deinen Rücken** und strecke beide Beine lang. Beobachte, wie viel Platz unter dem Lendenbereich deines Rückens frei ist. Da gibt es wahrscheinlich einen Tunnel, der genügend Platz bietet, um eine Hand reinzuschieben. Wenn ja, zeigt dir das, dass deine Rückenmuskulatur nicht fähig ist loszulassen. Auch nicht, wenn wir unsere Willenskraft einsetzen, um zu entspannen. Das kann sich durch diese Lektion schnell ändern. Beuge beide Knie und stelle die Füße in einem bequemen Abstand auf den Boden.

🌀 **Ziehe das rechte Bein an** und halte das rechte Knie mit der linken Hand. Deine rechte Hand lege unter den Kopf.
Bringe langsam deinen rechten Ellbogen in Richtung deines rechten Knies. Beobachte dabei, wie der Lendenbereich des Rückens auf den Boden gedrückt wird. Du wirst auch bemerken, dass sich die Rippen wie ein Akkordeon zusammenziehen. Das ist eine gute Gelegenheit, um auszuatmen. Lege dich im Einatmen zurück in die Ausgangsposition. Wiederhole im Rhythmus der Atmung diese Bewegungen 20-mal, ohne dich anzustrengen.

Verlängerung der Rückenmuskulatur

🐌 **Halte jetzt dein linkes Knie** mit der linken Hand. Hebe deinen Kopf mit der rechten Hand und bringe diesmal den rechten Ellbogen über die Diagonale in Richtung deines linken Knies. Diesmal wirst du einen anderen Bereich des Rückens am Boden spüren. Achte darauf, welche Rippen zusammenfalten. Wiederhole diese Bewegung nicht jedes Mal auf die gleiche Weise. Sondern versuche einmal, deine Stirn in Richtung Knie zu ziehen, dann dein Kinn und als Nächstes dein linkes Ohr. Sei kreativ und finde noch andere Möglichkeiten. Jedes Mal, wenn du einen anderen Zielpunkt verwendest, integrierst du andere Bereiche deines Brustkorbs. So aktivierst du immer mehr neue Muskelfasern. Mache 20 Wiederholungen im Atemrhythmus. Denkst du an die Nasenatmung?

Lege dich flach auf den Rücken und strecke die Beine lang. Ist deine Auflagefläche jetzt größer?

Wiederhole alle Bewegungen auch im Seitenwechsel mit der linken Hand unter deinem Kopf. Ein paar Mal ist das Ziel das linke Knie, dann ziehe auch wieder diagonal zum rechten Knie. Experimentiere auch damit, welche Teile des Kopfes du in Richtung Knie ziehen kannst. Es ist durchaus möglich, dass sich die Bewegungen auf dieser Seite leichter anfühlen, weil die Rückenmuskulatur schon damit begonnen hat loszulassen. Ruhe dich wieder aus.

Verlängerung der Rückenmuskulatur

Beuge beide Knie und stelle die Füße wieder auf den Boden. Verschränke die Finger und lege sie unter den Kopf. Hebe langsam beide Knie zur Brust, während du den Kopf und beide Ellbogen zu den Knien ziehst. Spüre genau den Bereich, wo der Rücken flach auf den Boden gedrückt wird. Du kannst das Zusammenfalten der Rippen mit der Ausatmung etwas schneller machen. Danach langsamer einatmen, während die Füße wieder zum Boden kommen und du dich entfaltest. Lege dich wieder zurück.

Das nächste Mal, wenn Knie und Ellbogen zusammenkommen, halte sie dort und versuche langsam nach links und nach rechts zu rollen. Versuche dabei, dein Gleichgewicht zu halten und den Abstand zwischen Ellbogen und Knien konstant zu lassen. Ruhe dich aus.

Stelle beide Füße wieder auf und verschränke die Finger unter deinem Kopf. Fange langsam an, die leicht gebeugten Beine nach hinten, mit den Füßen zur Decke zu heben. Während du sie wieder in Richtung Boden senkst, hebe deinen Kopf mit der Kraft aus den Armen. Dann hebe wieder die Beine, während der Kopf hinten zum Boden kommt und umgekehrt. Spüre bewusst, wie du langsam anfängst, von den Schultern zum Sitzen zu rollen. Wenn es nicht gleich klappt, kannst du auch im Sitzen beginnen. Fühle dich wie eine Wiege. Versuche diese Bewegung so gleichmäßig wie möglich zu machen, sodass es sich jedes Mal leichter anfühlt, ins Sitzen zu kommen. Stoppe noch einmal und beobachte, ob der Rücken nun in deiner Aufmerksamkeit präsenter ist. Diese Lektion solltest du möglichst regelmäßig in dein Leben integrieren. Viele der Rückenschmerzen entstehen nur durch zu viel Zug im Rücken. Nach vielen Stunden im Sitzen täglich wollen die Streckmuskeln wieder länger werden. Sie haben es verdient, dass man sich um sie kümmert. Mit herkömmlichen Dehnübungen funktioniert das nicht.

Ernährung für Leib und Seele

*Gesundheit erflehen die Menschen von den Göttern,
dass es jedoch in ihrer eigenen Hand liegt,
sie zu halten, daran denken sie nicht.*
DEMOKRIT

Essen im Einklang mit der Natur und den biologischen Rhythmen

Um unser geniales biologisches System bei seiner ständigen Zell-Erneuerung und dem Aufbau neuer Körpermasse am effizientesten zu unterstützen, sollten wir uns damit beschäftigen, was und wie zu essen uns gut tut. Also mit der Frage, welche Nahrungsmittel in welcher Form der Nahrung unserem Körper-Geist- und-Seele-System dienlich sind.

Noch vor 50 Jahren war es in unseren Breiten selbstverständlich, nur jene Nahrungsmittel auf den Tisch zu bringen, die aus der Region, in der man lebte, stammten und nur zu den Jahreszeiten, wenn sie reif waren. Somit war der Ausgleich der biochemischen Energie, die unser Körper einerseits und die Pflanze andererseits in einer Jahreszeit aufgrund der äußeren Einflüsse aufbauten, gegeben. Alle Mineralsalze, die im Menschen vorhanden sind, finden sich auch in Tieren und Pflanzen. Diese Bio-Energien, die jedes Leben und somit auch den menschlichen Körper hervorbringen und all seine Funktionen regulieren, entspringen dem gleichen Bauplan wie alles von der Natur Erschaffene um uns.

Im Sommer aß man in früheren Zeiten kühlende, leichte Nahrungsmittel wie Gemüse frisch aus dem Garten. Im kalten, langen Winter standen wärmende Speisen wie Getreidebrei und heiße Eintöpfe auf dem Speiseplan. Eben alles, was man im und für den Winter gut lagern konnte. Am Bauernhof meiner Großeltern gab es noch jeden Abend Polenta (Maisgrieß) mit frischer Milch.

Durch die Globalisierung mit der Möglichkeit der schnellen Transporte sind diese Beschränkungen verschwunden. Früchte aus allen Ländern werden noch unreif geerntet und sind ganzjährig zu bekommen. Genauso wie man Nahrungsmittel, die im Grunde für Europäer weder verdaulich noch verwertbar sind, in jedem Geschäft findet.

Kein Wunder also, dass eine Vielzahl der Menschen in unserer so genannten zivilisierten Welt ihre somatische Intelligenz verloren hat. Das natürliche Feingefühl für das, was uns gut tut, und das, was wir besser lassen sollten, wurde verschüttet. Allergien und andere Nahrungsmittel-Unverträglichkeiten sind die Folge.
Die Ernährung hat großen Einfluss auf die Selbstheilungskräfte und ist sogar fähig, das genetische Erbgut zu verändern.
Zucker wirkt sich negativ auf die Produktion von Immunzellen im Darm aus. Außerdem entzieht er dem Körper Magnesium und Kalzium.

Um dem Alltags-Stress keine Chance zu lassen, unser Immunsystem zu schwächen, hilft schon eine Handvoll Nüsse täglich. Sie sind reich an Magnesium und senken das Stresslevel um bis zu 50 Prozent. Ein Vitalstoff bei den Vitaminen ist zum Beispiel Vitamin B12, enthalten in Milch, Eiern, Käse, Sauerkraut und Rote Bete.

Was ist heute noch gesund?

Wir werden überschwemmt mit einer ganzen Reihe von Diäten, Rezepten, Empfehlungen mit den dazugehörigen wissenschaftlichen Untersuchungen, die noch dazu alle paar Jahre revidiert und durch neue Erkenntnisse ersetzt werden. Denkt man nur an die zu Unrecht angeprangerten Eier: Jahrzehntelang wurden Eier als DIE Cholesterinbomben schlechthin bewertet und so weit wie möglich aus dem Speiseplan verbannt. Die neuen wissenschaftlichen Studien aber belegen, dass Eier lebenswichtige Enzyme und wertvolles Lezithin enthalten und keinerlei Einfluss auf den Cholesterinspiegel haben. Oder die kühlende Zitrone, die jedem verkühlten Menschen eingeflößt wird. Dadurch wird der Körper aber nur noch mehr gekühlt und Bakterien können sich ungehindert, sogar beflügelt durch die weitere Abkühlung, verbreiten. Wärmendes Ingwerwasser oder Zimt-Tee, um den Körper zu erhitzen und ihn in der Bakterienabtötung zu unterstützen, wäre in dem Fall die hilfreichere Variante.

Jeder Mensch ist/isst anders

In unserem Verständnis von gesunder Ernährung gehen wir davon aus, dass jeder Mensch als biologisches System einzigartig ist. Aufgrund der Tatsache, dass jedes Individuum eine bestimmte körperliche und geistige Verfassung, seine individuelle Konstitution hat, die ihn von anderen Menschen unterscheidet, braucht auch jeder Mensch andere Nahrungsmittel.
Eine ganz bestimmte Kost kann für zwei Menschen, vielleicht auch noch dazu in unterschiedlichen Regionen oder Jahreszeiten, völlig verschiedene Auswirkungen haben.

Für den einen, weil sie seiner Konstitution, also dem, was dieser Mensch braucht, um gesund zu bleiben, entspricht, kann sie als Heilmittel beflügelnd und Energie bringend wirken. Für den anderen aber kann dieselbe Kost auf Dauer schwächend und sogar krankmachend sein.

Ich möchte hier ein anschauliches Beispiel aus einem unserer Seminare erzählen:

Es handelt sich bei den Personen um ein sehr unterschiedliches Ehepaar. Er dominant, immer innerlich heiß, schwitzend und sehr leicht aufbrausend. Seine Frau liebte die Sonne, die Wärme, sie fror ständig, war klein und schmächtig. Dieser Mann hatte nun einige Wochen zuvor beschlossen, aufgrund einer Diätempfehlung ausschließlich Rohkost zu sich zu nehmen und hatte damit auch keine gesundheitlichen Probleme. Im Gegenteil, er fühlte sich stark, vital und geistig fit. Die kühlende Rohkost entsprach seiner Konstitution.

Ganz anders erging es allerdings seiner Frau, die seine Diät aus praktischen, organisatorischen Gründen mitmachte, erfreut darüber, nicht täglich ko-

chen zu müssen. Obwohl sie keine Ahnung hatte, was mit ihr passierte und vor allem warum, wurde sie von Tag zu Tag schwächer. Nach knapp zwei Wochen stellten sich bei ihr Schlaf- und Herzrhythmusstörungen, Schwindelanfälle bis hin zu einem körperlichen Zusammenbruch während eines Spazierganges ein.

Nachdem keiner ihrer behandelnden Ärzte nach eingehenden Untersuchungen, Bluttests und EKG eine Ursache für ihre Beschwerden fand, kam sie mit ihrem Ehemann zum Seminar.

Nach drei Tagen Ernährungsumstellung auf nahrhafte, gekochte und warm gegessene Mahlzeiten dreimal täglich waren ihre Beschwerden verschwunden und sie kam wieder zu Kräften.

Vollkornweizen in Nudeln z. B., im Grunde ein schweres Getreide, das gut geeignet ist, um die Masse und Festigkeit des Körpers zu erhöhen, vermehrte in dem Fall die Energie, die notwendig ist, um den gesamten Organismus zu stärken und zu wärmen. Weiters Reis, gedünstetes Gemüse, deftige Suppen, Olivenöl und Sahne.

Dieses Beispiel zeigt uns, wie wichtig eine ganz persönliche, adäquate Ernährung für unsere Gesundheit ist. Vor allem müssen wir als zivilisationsgeschädigte Menschen wieder lernen, unsere Wahrnehmung in allen Bereichen zu schulen. Bewusst zu spüren und zu schmecken, was wir brauchen und was uns gut tut für Körper, Geist und Seele.
Wenn wir nun unsere Ernährung als wesentlichen Bestandteil der Gesunderhaltung und somit auch eines erfüllten, glücklichen Daseins betrachten, erkennen wir, wie wichtig es für jeden Menschen ist, sich bewusst mit sich, seinen Bedürfnissen und somit auch seiner Nahrung auseinanderzusetzen.

Lustvoll essen

Das beste Essen ist immer eine Mahlzeit, die dir besonders gut schmeckt und bekommt, bei deren Duft oder Anblick dir das Wasser schon im Munde zusammenläuft. Durch diese Lust werden nicht nur der Speichel, mit dem die Verdauung schon beginnt, sondern auch die Verdauungssäfte im Magen und Darm angeregt, dadurch wird jedes Essen leichter und schneller verdaulich.

Ein Essen, auf das du keine Lust hast, das dir nicht schmeckt, sei es noch so gesund und reich an Vitaminen, kann dir aufgrund der mangelnden Produktion an Verdauungssäften nicht gut tun und bleibt viel länger im Magen liegen. Die Inhaltsstoffe können nicht optimal verwertet werden.
Leider ist der Geschmackssinn aber für uns Menschen als einziges Auswahlkriterium meist nicht mehr ausreichend. Durch jahrelange unnatürliche Gewohnheiten und unvernünftiges Essverhalten ist unser angeborenes Feinempfinden verloren gegangen.

Solltest du zu den Menschen gehören, die täglich Lust auf Wiener Schnitzel mit Pommes, Burger oder Schweinebraten haben, wäre es angebracht, etwas zu unternehmen, um deine somatische Intelligenz wieder zum Leben zu erwecken. Der beste und schnellste Weg dahin ist eine Kur für ein paar Tage bis zu zwei Wochen, während der du sehr reduziert isst. Dadurch haben dein Geschmacks- und Geruchssinn, dein Empfinden für Nahrung wieder die Möglichkeit, sich zu entwickeln. Es ist in relativ kurzer Zeit möglich, das Feingefühl für deine Bedürfnisse wieder wahrzunehmen. Empfehlenswert sind für diesen Zweck zum Beispiel eine F.X.-Mayer- oder eine Ayurveda-Kur.
Wenn du zu Hause kuren möchtest, iss einfach ein paar Tage lang nur gut gekochten Basmatireis, eventuell mit gedünstetem Gemüse, und trinke viel (heißes) Wasser oder Kräutertee. Du wirst dich von Tag zu Tag besser und leichter fühlen, deine Verdauungskraft wird gestärkt, angesammelte Schadstoffe werden ausgeschieden.
Danach beginne ganz langsam und bewusst wieder andere Speisen in den Speiseplan aufzunehmen und spüre genau hin, was dir gut tut und was du brauchst. Du wirst von den neuen Geschmackserlebnissen überrascht sein.

Die Kraft der Verdauung

Richtige, individuell zusammengestellte und somit gesunde Ernährung spielt eine enorm große Rolle für Körper und Geist, damit wir uns vital, aktiv und glücklich fühlen.

Ausschlaggebend dafür ist in erster Linie, dass die Verwertung der Nährstoffe mithilfe der Verdauungskraft optimal funktioniert. Entscheidende Faktoren beim Verdauungsvorgang sind einerseits die Temperatur und Zusammensetzung der Nahrung, der Zeitpunkt des Essens und andererseits auch die äußeren Umstände und deren Einfluss auf unser Gemüt.

Die Verdauung beginnt im Mund, der Speichel schließt Nährstoffe auf und braucht dafür Zeit. Um die Nahrung richtig einzuspeicheln, ist das langsame und lange Kauen der Speisen eine Notwendigkeit. Ein Richtwert wäre 30 bis 40 Mal zu kauen, bis der Bissen flüssig wird. Das wäre dann die richtige Konsistenz, um ihn zu schlucken.

Ist die Verdauung gestört, aus welchen Gründen auch immer, ist der Körper nicht mehr in der Lage, alle zugeführten Nahrungsmittel zu verstoffwechseln. Körpereigene Gifte und auch Schadstoffe von außen wie Pestizide, Schwermetalle oder andere Umweltgifte werden im Körper abgelagert und begünstigen somit eine Reihe von Krankheiten.
Um das so weit wie möglich zu vermeiden, sollte unsere Nahrung zum Großteil aus unbelasteten Bio-Lebensmitteln bestehen und nur zu Zeiten, in denen unser Verdauungstrakt aktiv ist, eingenommen werden.
Seelische Belastungen wie Ärger, Sorgen oder Ängste produzieren in unserem Körper Stoffe wie das Stresshormon Adrenalin. Das begünstigt wiederum die Überproduktion von Magensäure, eine allgemeine Übersäuerung entsteht. Damit ist das passende Milieu, um Schadstoffe im Körper abzulagern, hergestellt.

Jeder von uns kennt doch Sprichwörter wie:
„Das liegt mir wie ein Stein im Magen", „Mir kommt die Galle hoch!" oder „Ist dir eine Laus über die Leber gelaufen?" Diese alten und weisen Worte stellen den Zusammenhang zwischen seelischer Befindlichkeit, Gedanken und unseren Verdauungsorganen bildlich sehr verständlich dar.

Wie sagte schon Hippokrates, der weise, griechische Arzt, vor 2400 Jahren: Lasst eure Nahrung eure Medizin sein.

Es ist also eine Grundvoraussetzung für die optimale Nahrungsaufnahme und deren Verwertung, dass wir in entspannter und schöner Atmosphäre gesunde, für uns bekömmliche Nahrungsmittel, auf die wir Lust haben, zu uns nehmen. Jetzt werden viele denken: Klingt schön, aber ich habe dafür keine Zeit, meine Mittagspause ist zu kurz und überhaupt mit dem Stress und den Kollegen …

Nein, diese Ausrede gilt nicht. Jeder Mensch hat die Möglichkeit, in jeder Sekunde seines Lebens Entscheidungen zu treffen. Entscheidungen, die ihm gut tun oder ihm schaden. Dazu hat jede Person, egal in welcher Position, das Recht, nur oft fehlt auch der Mut dazu. Manchmal ist mangels des Glaubens an die eigene Intuition nicht klar, was wirklich wichtig ist im Leben.

Wasser – das Lebenselixier

Unser Körper besteht zum Großteil aus Wasser. Deine Niere zu 79 %, dein Gehirn zu 75 %, deine Muskeln zu 70 % und auch deine Haut besteht zu 58 % aus Wasser. Ohne Wasser überleben wir nicht länger als eine Woche. Wir verlieren während des Tages ständig Wasser: über die Ausscheidungen, die Lunge und die Haut. Was weggeht, muss auch wieder zurückkommen. Ungefähr zwei Liter täglich sollten es sein, gut über den Tag verteilt. Die tägliche individuelle Dosis hängt aber sehr von deiner Ernährung ab. Isst du nämlich hauptsächlich Rohkost in Form von saftigen Früchten, ist dadurch schon ein großer Teil deines Flüssigkeitsbedarfs gedeckt. Wasser ohne Kohlensäure ist der beste Durstlöscher. Allerdings solltest du nie so lange mit dem Trinken warten, bis sich ein Durstgefühl einstellt. Wasser als Prävention ist gesünder. Bei der Arbeit ist es empfehlenswert, immer eine Flasche in Reichweite zu haben. Es fällt leichter reichlich zu trinken, wenn ein volles Glas Wasser auf dem Schreibtisch steht. Heißes Wasser oder Kräutertees füllen auf angenehme Weise unsere Wasser-Depots und regen noch dazu die Verdauung an.

Ein Krug mit Halbedelsteinen, die das Wasser energetisch aufladen, inspiriert den ganzen Tag zum Trinken. Wir verwenden dafür hauptsächlich einen Bergkristall, Rosenquarz und Amethyst. Die Steine und der Krug müssen täglich unter fließendem Wasser gereinigt werden, um ihre Frische zu erhalten. Für Läufer ist Apfelschorle das beste Getränk, das sie zu sich nehmen können. Ein Drittel Saft zu zwei Drittel Wasser empfiehlt auch der Deutsche Sportbund als optimales isotonisches Getränk. Die meisten Menschen trinken zu wenig. Das spürst du, wenn dir nichts mehr einfällt, du gereizt oder müde wirst und der Kopf schmerzt. Der Mensch ist weniger schmerzempfindlich, wenn er genügend Wasser trinkt. Bevor du also zur Schmerztablette greifst, versuche es zuerst mit einem halben Liter Wasser. Am besten warm. Das entspannt und wirkt oft Wunder, ganz ohne Nebenwirkungen. Fang gleich in der Früh damit an. Ich trinke stets einen großen Becher heißes Wasser vor meinem täglichen Morgenlauf. Im Winter gebe ich ein paar Scheiben Ingwer dazu. Das hält den gesamten Körper angenehm warm. Getränke aus dem Kühlschrank sind sicherlich eine schlechte Gewohnheit und eine große Belastung für Magen und Darm.

Essen nach dem Bio-Rhythmus

Alle inneren Organe, so auch die Verdauungsorgane, arbeiten in einem bestimmten Tag-Nacht-Rhythmus und haben ihre stärksten Aktivitäten bzw. Regenerationsphasen im Wechsel von zwei Stunden.

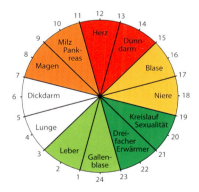

Frühstück:
Hast du morgens noch keinen Appetit, zwinge dich nicht zu einem Frühstück. Es ist nicht notwendig, schon kurz nach dem Erwachen zu essen. Dein Verdauungsfeuer schläft auch noch.
Falls du jedoch ein hungriger Frühaufsteher bist, schon gelaufen bist und dir ein

Frühstück durch Bewegung verdient hast, kannst du warme Getränke mit etwas Brot, Olivenöl, Butter und Honig oder gekochten, warmen Hirsebrei zu dir nehmen.

Mittagessen:

Gegen Mittag, in der Zeit zwischen 10 und 14 Uhr, arbeiten unsere Verdauungskräfte auf Hochtouren. Das ist auch die beste Zeit, um eine leckere Hauptmahlzeit, die alle Sinne befriedigt, zu genießen. Gönne dir, worauf du Lust hast. Alles was dir schmeckt und deine Verdauungssäfte beflügelt, ist auch erlaubt! Eine ausgewogene Mahlzeit sollte immer etwas von allen Geschmacksrichtungen wie süß, sauer, bitter, herb und scharf beinhalten. Das klingt schwieriger als es ist. Ein einfaches Beispiel wäre ein Endivien- oder Radicchio-Salat mit Honig-Balsamico-Dressing und schwarzem Pfeffer. Da sind schon fast alle beinhaltet.

Gemüse, Obst, Getreide, Hülsenfrüchte, Reis oder Nudeln aus biologischem Anbau mit dementsprechenden Gewürzen sollten deinem Körper täglich in irgendeiner Form zugeführt werden. Fleisch trägt zur Übersäuerung bei, lagert Giftstoffe im Körper ab und ist deshalb nicht als Hauptnahrungsmittel empfehlenswert. Bei unseren Großeltern kam es jeden Sonntag mit üppigen Beilagen als Festessen auf den Tisch – das wäre auch in der heutigen Zeit, in der wir uns viel weniger bewegen als damals, eine empfehlenswerte Wochenration. Deinen Fleischbedarf decke am besten mit frischen Produkten aus biologischer und artgerechter Tierhaltung.

Wenn du unbedingt Fisch auf deinem Teller möchtest, empfehlen wir frische Süßwasserfische aus Österreich oder Deutschland wie Forelle, Zander oder Karpfen. Die Gewässer dort sind meist geschützt und der Fischfang wird kontrolliert. Oder bediene dich aus Ozeanen, in denen es noch große Mengen an Fisch gibt, der noch nicht mit Schwermetallen belastet ist. Obwohl wir in Griechenland am Meer leben, essen wir aus ökologischen Gründen keinen Fisch mehr. Alle Bereiche im Mittelmeer sind heillos überfischt und durch die jahrzehntelange Dynamitfischerei zerstört.

Durch die Fischerei mit Schleppnetzen, in denen nur große Fische gefangen werden, verändert sich die natürliche Selektion der Fischpopulation. Nur die kleineren und schwächeren Exemplare überleben und bleiben für die Fortpflanzung übrig. Dementsprechend sieht der Fischbestand aus.

Abendessen:

Von 17 bis 19 Uhr wäre die beste Zeit für eine leichte, kleine Abendmahlzeit wie eine Schale Suppe, ein Brötchen oder gedünsteten Gemüse-Reis. Da sich um diese Zeit auch unsere Verdauungsorgane langsam zur Ruhe begeben, solltest du ihnen keine Anstrengung mehr zumuten.
Jede Nahrung, die später am Abend eingenommen wird, bleibt stundenlang, oft bis zum Morgen unverdaut liegen und erzeugt so wieder Gifte im Körper, die sich in Gelenken und Organen ablagern können.

Auf keinen Fall sollte zum Abendessen Obst und Gemüse in Form von Rohkost, wie zum Beispiel ein Salat, verzehrt werden. Ein Gärungsprozess wird in Gang gesetzt, der Alkohol produziert und die Leber stark belastet.
Viele der an Leberzirrhose erkrankten Menschen haben nie Alkohol getrunken, jedoch täglich abends Rohkost gegessen.
Wenn du dich intensiver mit diesen Themen beschäftigen möchtest, empfehlen wir dir Fachliteratur über Ernährung nach Ayurveda und der Traditionellen Chinesischen Medizin.

DIE WICHTIGSTEN TIPPS FÜR EINE GESUNDE ERNÄHRUNG

Nimm nur Nahrungsmittel zu dir, auf die du Lust hast, die dir schmecken und dir auch gut bekommen. Das ist die wichtigste Voraussetzung, damit deine Verdauungssäfte optimal angeregt werden können.

Genieße jedes Essen bewusst, mit gutem Gewissen und nimm dir Zeit gut zu kauen.

Verwende so weit wie möglich nur biologische Lebensmittel aus unbelasteten Anbaugebieten.

Bevorzuge Produkte aus der Region, in der du lebst, und die in der jeweiligen Jahreszeit wachsen, so kannst du deine Ernährung im Einklang mit der Natur gestalten. Als Ausnahme dabei gelten Gewürze, Ingwer und Zitronen.

Ein paar Beispiele:

Wärmende Nahrungsmittel im Winter und für kälteempfindliche Menschen ganzjährig:
Kraut, Kohl, Kürbis, Getreidebreie, Nudeln, Suppen, Ingwer-Tee und an Gewürzen: Zimt, Curry, Pfeffer.

Kühlende Nahrungsmittel im Sommer und für leicht erhitzte Menschen ganzjährig:
Südfrüchte wie Orangen und Zitronen, Melonen, Äpfel, Gurken, Blattsalate, Joghurt, Pfefferminztee.

Trinke nicht direkt zum Essen, das verdünnt die Verdauungssäfte zu sehr. Nimm am besten eine halbe Stunde vor oder eine halbe Stunde nach dem Essen warme Getränke zu dir.

Vermeide Lebensmittel und Getränke aus dem Kühlschrank. Zimmertemperatur bis körperwarm ist bekömmlicher für deinen Magen.

Extra Tipps, um Gewicht zu verlieren:

- Das Wichtigste beim Abnehmen ist, dass du schon satt bist, bevor du isst.

- Der Körper ist in erster Linie immer abhängig von Sauerstoff und Wasser. Bevor du etwas isst, befriedige zuerst diese Bedürfnisse.

- Gehe raus an die frische Luft oder öffne ein Fenster. Atme mindestens fünf Minuten durch die Nase langsam tief ein und aus. Das beruhigt und das liebt auch die Verdauung.

- Viele Menschen verwechseln Hunger mit Durst. Trinke deshalb eine halbe Stunde vor dem Essen einen halben Liter warmen Kräutertee oder heißes Ingwerwasser. Das sättigt schon vorab und erweckt deine Verdauungskräfte. Im Sommer kannst du auch Wasser mit Zimmertemperatur trinken.

- Iss regelmäßig dreimal täglich eine kleine warme Mahlzeit in Abständen von mindestens fünf Stunden. Iss deine Hauptmahlzeit zu Mittag. Diese kann üppiger sein. Wenn du Fleisch isst, dann nur zu der Zeit, in der Nahrung leichter verdaut werden kann.

- Die letzte Mahlzeit sollte nicht später als zwischen 18 und 19 Uhr eingenommen werden.

- Verwende einen kleineren Dessertteller für deine Hauptspeise. Untersuchungen haben gezeigt, dass Menschen durch diesen Trick automatisch um ein Drittel weniger zu sich nehmen und trotzdem denselben Sättigungsgrad erreichen wie die Kontrollgruppe mit den üblichen, großen, voll gefüllten Tellern.

- Bei jeder Mahlzeit lass ein paar Bissen auf deinem Teller übrig. So hat dein Gehirn immer das Gefühl, dass Nahrung für dich in Hülle und Fülle vorhanden ist.

- Trinke über den Tag verteilt fünf Mal eine Tasse heißes Wasser oder Kräutertee. Das hilft deinen Körper zu entgiften und bringt mehr Leichtigkeit in dein Leben.

- Geh früh schlafen. Sobald du die Augen schließt, produziert dein Körper das Hormon Leptin. Das macht schlank, weil es den Hunger bremst. Während du im Land der Träume weilst, machen sich zusätzlich noch Wachstumshormone über deine Fettzellen her.

- Denk dich schlank: Stell dir dich in deinem Wunschgewicht vor. Visualisiere täglich mehrmals, wie du aussiehst, wie du dich bewegst und wie du mit deinem Idealgewicht wirkst.

- Vermeide es, Kochsendungen im Fernsehen, Kochbücher oder Rezepte in Zeitschriften anzusehen. Allein der Anblick oder das Geklapper der Töpfe mit rührenden Kochlöffeln steigert deine Insulinausschüttung. Heißhungerattacken sind die Folge.

Das Dauerlauf-Wochenprogramm

*Nichts ist so reformbedürftig,
wie die Gewohnheiten anderer Menschen.*
MARK TWAIN

Täglich alte Gewohnheiten aufzugeben ist wichtig für den menschlichen Geist. Neues macht wach, frische Gehirnzellen sprießen und es motiviert. Das gilt sowohl für deinen Alltag wie auch für dein Bewegungs- und Sportprogramm. Tests haben bestätigt, dass Kondition effektiver aufgebaut werden kann, wenn man Tempo und Dauer der Läufe abwechselt. Dadurch kann sich der Körper leichter regenerieren und die Motivation bleibt durch das Gefühl, jeden Tag etwas anderes machen zu können, größer.

Lasse den äußeren Druck weg, schau nach innen und höre nur auf deinen eigenen Körper. Lenke deine Blicke bewusst auf die wunderbare Natur und auf die Leichtigkeit in deiner Bewegung. Öffne deine Augen, Ohren und dein Herz. Rieche bewusst, laufe um des Laufens willen. Konzentriere dich auf deine Atmung und den Rhythmus deiner Füße. Denke nicht darüber nach, wie viele Kilometer du abspulst oder wie viele Kalorien du verbrennst. Das ist unwichtig. Vergleiche dich nicht mit anderen Menschen, denn du bist einzigartig!
Es reicht doch, täglich im Berufsleben Leistung erbringen zu müssen. Es gibt keinen einzigen Grund, sich auch noch in der Freizeit anzustrengen.
Die folgenden Programme sind dennoch, als Richtlinie für dich, in Minuten angegeben. Sie dienen nur als Indikator, wie du deine Laufwoche einrichten könntest. Natürlich sind das keinesfalls strikt einzuhaltende Vorgaben. Vielleicht möchtest du einen Tag lieber 20 statt 30 Minuten laufen oder einmal einen Tag aussetzen, weil du müde bist. Zwinge dich zu nichts und laufe nur nach deinem eigenen Empfinden. Dein Glück hängt nicht von Minuten ab. Auf keinen Fall solltest du versäumte Tageseinheiten nachholen wollen und zum normalen Pensum dazurechnen. Vergiss sie und laufe weiter wie im Programm. Hast du dich schon länger daran gewöhnt, ohne Uhr zu laufen, dann fang auch jetzt nicht damit an. Du hast schon ein

Dauerlauf-Wochenprogramm

Gefühl für eine bestimmte Zeitspanne oder weißt, für welche Strecke du ungefähr wie viel Zeit brauchst. Diese innere Uhr gilt es weiter zu entwickeln. Die angegebenen Zeiten inkludieren das gesamte 3-Stufen-Programm.

Trainingsbeispiel für jemanden, der täglich 15 Minuten laufen kann:
Montag: 15 Minuten
Dienstag: 15 Minuten
Mittwoch: lauffrei
Donnerstag: 30 Minuten
Freitag: 15 Minuten
Samstag: 15 Minuten
Sonntag: 30 Minuten

Trainingsbeispiel für jemanden, der täglich 30 Minuten laufen kann:
Montag: 15 Minuten
Dienstag: 30 Minuten
Mittwoch: lauffrei oder 15 Minuten
Donnerstag: 45 Minuten
Freitag: 30 Minuten
Samstag: 15 Minuten
Sonntag: 60 Minuten

Trainingsbeispiel für jemanden, der täglich 45 Minuten laufen kann:
Montag: 30 Minuten
Dienstag: 45 Minuten
Mittwoch: lauffrei oder 30 Minuten
Donnerstag: 60 Minuten
Freitag: 45 Minuten
Samstag: 30 Minuten
Sonntag: 90 Minuten

Trainingsbeispiel für jemanden, der täglich 60 Minuten laufen kann:
Montag: 45 Minuten
Dienstag: 60 Minuten
Mittwoch: lauffrei oder 45 Minuten
Donnerstag: 90 Minuten
Freitag: 60 Minuten
Samstag: 45 Minuten
Sonntag: 120 Minuten

Laufen ist wie Fliegen – Spaß an Geschwindigkeit

Jeder Handlung geht ein Gedanke voraus.
RALPH WALDO EMERSON

Jeder Mensch, der das Laufen in sein Leben integriert hat, sollte auch das Gefühl des Fliegens erleben dürfen. Diese Leichtigkeit des Schwebens ist genau das, was alle Kinder so sehr lieben und wonach wir uns sehnen. Hast du dieses Gefühl einmal erlebt, wirst du niemals wieder darauf verzichten wollen. Diese Geschwindigkeit zu erreichen dauert ein Weilchen und erfordert etwas Geduld. Die Lauf-Muskulatur muss sich erst langsam an die neuen Bewegungen gewöhnen.

Ich habe eine spezielle Übungsserie entwickelt, die du jeweils drei- bis sechsmal wiederholen kannst, je nach Lust und Laune. Die Absicht hinter diesen Übungen ist es, neue Reize zu setzen, die dir helfen, längere Schritte zu machen und fließender zu laufen. Das bringt auch eine sehr schöne Abwechslung in deinen Laufalltag. Das gesamte Programm ist sehr kurzweilig gestaltet, macht Spaß und wirkt belebend für Körper und Geist.

Du benötigst für die Übungen eine ruhige Laufstrecke ohne Verkehr, die mindestens 80 bis 100 Meter lang ist. Suche dir einen besonders schönen Platz aus, wo du leicht hinkommst und an dem du dich gerne aufhältst. Das kann ein Asphalt-Radweg, eine Laufbahn oder auch ein flacher Rasen sein. Die ebene und gerade Strecke darf keine Löcher, Steine oder andere Hindernisse aufweisen! Laufe dich langsam zehn Minuten ein, um deine Muskulatur ein wenig aufzuwärmen. Danach kannst du schon mit den Übungen beginnen.
Alle Läufe werden mit der Nasenatmung ausgeführt. Deine Nase ist hier wieder dein Indikator. Du spürst, wann du zu schnell läufst oder zu viele Übungen für deinen momentanen körperlichen Zustand machst. Beschränke die Übungen auf dein individuelles Wohlfühl-Niveau, sodass du dich vor der nächsten Herausforderung immer wieder erholen kannst.

Übung 1:
Hopserlauf

Das kennst du noch aus deiner Kindheit. Eine hervorragende Übung, um den Fußabdruck zu verbessern und das Gefühl des Fliegens zu erleben. Hopse ganz leichtfüßig gut 25 Meter. Konzentriere dich auf die kleinen Schritte und auf das hintere Bein. Du solltest bewusst die Gesäßhälfte anspannen, um die Hüfte nach hinten zu strecken. Mache dich groß und verwende den angewinkelten Arm, um den Druck-Impuls der Füße zu betonen. Jedes Mal nach dem 25-Meter-Hopserlauf trabe langsam und locker nochmals 25 bis 50 Meter. Dann gehe zurück zu deinem Startpunkt und wiederhole die Übung drei- bis sechsmal.

Übung 2:
Hopserlauf mit hohen Knien

Der Hopserlauf bekommt eine Änderung, die der gesamten Laufbewegung zugute kommt – das Hochziehen der Knie.
Hopse wieder los und ziehe dieses Mal aktiv ein Knie in Richtung Brust. Das funktioniert am effektivsten, wenn du eine ganze Strecke nur mit dem linken Knie machst und die nächste mit dem rechten. Du kannst dadurch besser die Verbindungen in deinem Körper spüren. Mache immer wieder eine Gehpause, um den Effekten der Übungen nachzuspüren. Nach zwei oder drei Wiederholungen mit jedem Bein vollführe die Übung mit beiden Knien. Konzentriere dich auf das Großmachen und das Hochziehen der

Knie. Nach 25-Meter-Hopsen trabe wieder mit schnellen, kleinen Schritten die gleiche Strecke. Dann gehe zurück zum Anfangspunkt.

Übung 3:
Laufen mit hohen Knien

Laufe und hebe die Knie so hoch du kannst, wobei du den Körper leicht nach vorne lehnst. Es ist besser, die Knie weniger hoch zu ziehen, als die Haltung zu vernachlässigen. Laufe 25 bis 50 Meter mit hohen Knien und dann wieder entspannt noch einmal so weit mit leichten, aber schnellen Schritten.

Diese Übung kann am Anfang durchaus anstrengend sein. Versuche dich danach zu entspannen und wie bei allen anderen Übungen gehe wieder zurück, bis du dich erholt fühlst. Bleibe immer bei der Nasenatmung. Drei Wiederholungen sind für den Anfang ausreichend.

Übung 4:
Laufen mit hohen Fersen

Laufe und hebe diesmal die Fersen in Richtung Gesäß. Versuche die Sprunggelenke so gut wie möglich zu entspannen, während du diese Übung ausführst. Laufe so, als hättest du die Absicht, deine Füße nach hinten, oben weg zu schleudern. Mache auch dabei am Anfang drei Wiederholungen. Gehe langsam zurück zu deinem Startpunkt, bevor du wieder von Neuem beginnst.

Übung 5:
Steigerungslauf

Beginne langsam zu laufen und steigere allmählich das Tempo über eine Strecke von ungefähr hundert Metern. Gehe zurück und wiederhole den Lauf, dieses Mal wieder mit erhöhtem Tempo. Mache sechs bis zehn Wiederholungen. Du steigerst nun nicht nur während einer Wiederholung das Tempo, du steigerst auch das Tempo von Lauf zu Lauf, bis du am Schluss sprintest. Versuche immer, dich möglichst groß zu machen.

Laufe so schnell, wie es dir Spaß macht. Achte darauf, dass du bis zum Ende der Strecke durch die Nase atmen kannst. Es sollte bei diesen Übungen keinen Grund für dich geben, den Mund zu öffnen – außer zum fröhlichen Lachen! Du solltest dich völlig erholt fühlen, bevor du mit der nächsten Steigerung beginnst. Gehe zwischendurch immer wieder langsam zurück zum Start und nütze diese Zeit zur Erholung.

Die letzte Wiederholung laufe bitte mit einer langsameren, kontrollierten Geschwindigkeit. Das motiviert dich gleich für das nächste Mal.

Danach trabe oder gehe langsam zehn Minuten nach Hause und laufe auch die nächsten paar Tage nur ganz gemütlich. Sobald du wieder deine federnden Schritte spürst, es in deinen Sohlen kribbelt und du Lust hast, ein bisschen mehr Gas zu geben, wiederhole diese Übungsreihe.

Hast du dich an das Schnelligkeits-Training gewöhnt, kannst du nicht nur die Distanz der Strecke erweitern, sondern auch die Geschwindigkeit erhöhen. Du wirst begeistert und überrascht sein, wie viel Spaß es macht, so richtig dahinzufliegen. Und das alles entspannt mit einer ruhigen Nasenatmung.

Nachwort

*Der Geist ist eine Stätte für sich,
er kann aus dem Himmel eine Hölle
und aus der Hölle einen Himmel machen.*
JOHN MILTON

Der Mensch ist keine physische Maschine, die gelernt hat zu denken. Es sind unsere Gedanken, die den Körper kreieren. Dieser bemüht sich ständig, in jeder Sekunde seines Daseins, sich selbst zu erneuern, um die Gesundheit zu erhalten. Gesundheit ist nicht nur die Abwesenheit von Krankheit. Gesundheit ist Leichtigkeit, Fröhlichkeit und ein Gefühl des Glücks. Wenn unser körperliches Energiefeld mit dem Energiefeld des Universums in Harmonie schwingt, spüren wir dieses Glück. Es ist ein natürliches Geschenk zu unserer Geburt, also ist es unser Normalzustand. Glück hat nichts mit dem Besitz von materiellen Gegenständen zu tun. Äußere Umstände ändern sich ständig, davon sollte unser Glück nicht abhängig sein. Unser Körper ist ein heiliger Tempel, der nicht heiliger wird, wenn wir ihn bekämpfen. Wir sollten uns besser selbst respektieren, genießen und pflegen. Also springen wir, tanzen wir, lachen wir und leben wir für den Moment. Feiern wir unsere tägliche Wiedergeburt mit einem Lauf in der wunderbaren Natur. Diesen Augenblick bekommen wir in genau demselben Körper nie wieder zurück.
Er ist einzigartig wie wir!

In diesem Sinne wünschen wir dir ein glückliches Leben mit wunderbaren Läufen!

Moana und Wim Luijpers

Erlebe Wim Luijpers Live

Wim Luijpers gibt sein Wissen in Seminaren, Workshops und Vorträgen weiter. Er leitet Projekte zur betrieblichen Gesundheitsvorsorge, wie auch öffentlich zugängliche Veranstaltungen in ganz Europa.

„Gentle Running & Gentle Moving Seminare"

Zwei- bis viertägige Laufseminare in Deutschland, Österreich und der Schweiz.
Intensivseminare über eine Woche am Meer in Griechenland/Peloponnes, Spanien/Andalusien und Kanarische Inseln, Deutschland/Ostsee/Rügen.

„Gentle Moving Professional Training Program"

Viersemestrige Ausbildung zum/zur Bewegungs- und LauftrainerIn
12 Wochenenden Freitag bis Sonntag
Trainingsorte: Rust/Neusiedlersee und Strobl/Wolfgangsee, Österreich.

„Body&Mind"

Vorträge und Trainings für Firmen, Business Academy, Kongressbegleitung, Incentives.

Nähere Informationen und Seminartermine: www.wim-running.com, www.wiml.at
E-Mail: wimluijpers@hotmail.com
Telefonkontakt: Office Austria: 0043/ +699 / 12 62 10 38
Office Griechenland: 0030/ 27250 / 51 401